Celles qui saignent pour tous : Femmes noires, entre amour, engagement et effacement

Tabou M'Bleue

Édition indépendante

Première édition : 2026

ISBN : 9791098400407

Imprimé en France

Que cette lecture soit un seuil. Un souffle. Une révolte douce, mais ferme.

À ma fille Ma, souffle de mes jours.

À mon fiancé, Daddy Kalmate

ancre douce dans la tempête,

complice de mes colères,

témoin de mes rêves.

À mes sœurs et mes frères de lutte, rencontré·es dans les interstices du numérique, là où TikTok est devenu un carrefour de mémoire, un lieu de feu, de parole nue, de décolonisation sans permission.

À celles et ceux qui tiennent la ligne, qui questionnent, dérangent, transmettent, et prouvent que la lutte ne dépend pas d'un lieu, mais d'une conscience éveillée.

Merci de m'avoir accompagnée, et de continuer à le faire dans cette lutte qui ne s'achève pas, mais que nous transformons en héritage de force et de liberté.

Table des matières

Avant-propos

J'ai longtemps hésité avant d'écrire ce livre.

Non pas parce que je manquais de choses à dire, mais parce qu'on m'a appris à les taire.

Et puis, il faut dire la vérité : j'avais peur.

Peur du jugement masculin, de ce regard qui accuse vite l'insolence quand une femme noire parle trop haut.

Mais aussi peur du regard de mes sœurs.

Peur que mes mots ne soient pas compris.

Peur d'être perçue comme trop amère, trop sensible, trop divisante trop, en somme, pour un monde qui préfère les femmes noires mesurées et muettes.

J'ai grandi entre les récits de femmes puissantes et les silences de femmes épuisées.

Entre les discours radicaux sur la justice et les non-dits sur le sexisme dans nos propres communautés.

Entre l'admiration pour les combattants, et la douleur d'aimer des hommes qui ne voyaient pas toujours en nous des combattantes à part entière.

Ce livre n'est pas un règlement de comptes.

Ce n'est pas un cri contre eux nos frères, nos compagnons, nos pères, nos fils mais un cri pour nous.

Celles qui saignent pour tous, qui aiment malgré tout, qui militent sans reconnaissance, qui tiennent les murs pendant que d'autres les traversent.

**T.A.B.O.U: Table Afrodescen-
dante de Belles Oratrices Unies
est née sur les réseaux sociaux,
notamment TikTok.**

Parce qu'il fallait bien un lieu pour
dire l'indicible.

Parce qu'Internet, malgré ses pièges,
a parfois permis l'émergence de paroles trop longtemps contenues.

Certaines voix de ce petit groupe,
même anonymes, traversent ce livre.

Elles ont nourri le besoin d'écrire, de
témoigner, de théoriser l'invisible.

J'écris parce qu'il faut briser la solitude.

J'écris parce qu'il y a urgence à dire
ce que coûte l'amour quand on est
femme noire.

Ce que coûte l'engagement quand on est toujours la dernière écoutée.

Ce que coûte l'oubli de soi, quand on veut sauver tout le monde sauf soi-même.

Ce livre pose des mots. Mais il propose aussi un mot neuf.

Un mot-forgé. Un mot-nécessaire.

Offrosorisme.

Un concept épistémologique pour nommer la charge sacrificielle intériorisée des femmes noires, dans l'amour, dans la lutte, dans le silence.

Un mot qu'on a inventé parce que le lexique de la douleur ne suffisait plus.

Ce livre est le prolongement de cette table.

Un livre pour celles qui vivent ces tensions.

Un livre pour celles qui veulent encore aimer, lutter, guérir mais autrement.

Un livre pour celles qui refusent de continuer à se sacrifier au nom d'un combat qui les nie.

À toutes celles qui se reconnaîtront dans ces pages :

Ce n'est pas vous qui êtes trop sensibles.

Ce n'est pas vous qui exagérez.

Ce n'est pas vous qui êtes le problème.

Ce monde, y compris nos propres mondes militants, doit apprendre à nous entendre.

Nous ne serons plus les invisibles de la révolte.

Et si j'ai trouvé la force d'écrire, c'est aussi grâce à celles qui ont parlé avant moi.

À bell hooks et Audre Lorde, qui ont fait de la colère un feu sacré.

À Awa Thiam, qui a ouvert les vannes du silence francophone.

À Queen Afua, qui a rappelé à nos corps leur droit à la guérison.

À Angela Davis, Assa Traoré, Toni Morrison, Werewere-Liking, Nadia Yala Kisukidi, Brittney Cooper, femmes noires qui ont écrit, parlé, crié, soigné, semé, et laissé derrière elles des chemins de lumière.

Ce livre est un écho à leurs voix
Et une offrande à toutes celles qui cherchent encore la leur.

Si tu te reconnais dans ces lignes, tu n'es pas seule.
Ici, ta voix compte. Ici, ton silence aussi.

« M'Bleue, parce que la douleur a

ses nuances.

Tabou, parce que la parole est une révolution. »

Car ce qui est tabou, nous le rendons audible.

T.A.B.O.U : Table Afrodescendante de Belles Oratrices Unies pour faire résonner nos vérités, nos douleurs, nos puissances.

Pour que nos silences d'hier deviennent les voix qui dérangent aujourd'hui.

Les récits présents dans cet ouvrage mêlent
expériences personnelles, témoignages re-
cueillis et analyses critiques.

Certains témoignages sont anonymisés
pour protéger les personnes concernées.
D'autres sont assumés comme paroles in-
carnées.

Ils reflètent des expériences subjectives,
des vécus et des ressentis.

Toute ressemblance avec des personnes réelles ne saurait être considérée comme in-
tentionnelle.

Cet ouvrage s'inscrit dans une démarche
d'analyse sociale, politique et testimoniale.

« M'Bleue, parce que la douleur a ses nuances.
Tabou, parce que la parole est une révolution. »

Préface

Ce livre ne devait pas exister.
Mais il a poussé, comme une racine
sous le béton du silence.

Je suis une femme noire, née au creux d'histoires lourdes, entre éclats de lumière et blessures profondes. Mon parcours, comme celui de tant d'autres, est traversé par des luttes multiples : celles que la société nous impose, mais aussi celles, plus intimes, qui se jouent dans nos foyers, dans nos cœurs, dans nos corps.

Au fil des années, j'ai entendu des témoignages profonds, chargés de douleurs parfois indicibles. Des récits de femmes qui portent des cicatrices invisibles, nées de violences physiques ou psychologiques, mais aussi d'un sacrifice silencieux, imposé sans bruit, presque sans nom. Des sacrifices qu'on accepte d'abord sans y penser, par loyauté, par amour, par résignation, et puis, lorsque les yeux s'ouvrent enfin, on réalise que des années entières ont filé, emportant avec elles des parts essentielles de soi.

J'ai porté ces blessures, ce poids d'un engagement parfois à sens unique, le combat permanent pour être vue, entendue, reconnue. J'ai connu cette violence sans coup, mais avec morsure. Celle qui ronge l'âme, déchire le cœur, fait vaciller la confiance en soi.

J'ai appris, parfois à mes dépens, à accepter ces conditions imposées sans même vraiment les nommer. À supporter des ultimatums muets, comme choisir entre son propre plaisir, son bien-être, et la paix fragile d'un foyer où l'on est parfois invitée à être une femme intelligente, mais pas trop visible. Où l'on espère un compagnon engagé dans la lutte, mais qui redoute qu'elle soit elle-même trop présente, trop puissante, trop libre.

Ce livre est né de ces expériences, mais pas seulement des miennes. Il est aussi le fruit de rencontres, de conversations, de confidences reçues au fil du temps. Des femmes noires qui, comme moi, ont été en première ligne de combats pour la justice raciale, pour la reconnaissance, pour la liberté et qui, pourtant, se sont vues marginalisées dans leurs propres batailles.

J'ai compris qu'il manquait un mot. Un mot pour désigner cette logique sacrificielle, cette blessure muette qui traverse nos amours, nos luttes, nos silences. Ce mot, j'ai fini par le forger, à partir de nos histoires.

Ce livre n'est pas seulement un récit intime. C'est aussi une tentative d'analyse, une mise en lumière des dynamiques qui nous écrasent dans le couple, dans la communauté, dans le militantisme. Une façon de rendre visible l'invisible.

Je tiens aussi à adresser un clin d'œil particulier à toutes les femmes noires qui, hors des espaces militants, subissent-elles aussi violences et silences. À celles dont la lutte est souvent invisible parce qu'elle ne s'exprime pas dans l'engagement communautaire mais dans la survie quotidienne. Leur douleur, leur force méritent aussi d'être entendues et comprises. C'est une thématique vaste, profonde, que je souhaite explorer plus pleinement dans un prochain ouvrage, avec tout le respect et la lumière qu'elle mérite.

J'ai voulu mettre des mots sur ce

que beaucoup taisent, ou ne savent comment exprimer. Parce que nous sommes souvent priées de comprendre la douleur des autres avants même d'oser nommer la nôtre. Parce qu'on nous demande de soutenir nos hommes, nos familles, nos communautés, parfois au prix de notre propre épuisement.

Mais aujourd'hui, je refuse ce mythe de la femme noire forte, inébranlable, éternellement prête au sacrifice. Je refuse la gloire maudite du silence, de l'effacement, de la douleur tue.

Ce livre est une tentative de vérité, un cri posé sur le papier, un espace où la voix des femmes noires peut enfin se déployer dans toute sa complexité : amour et colère, épuisement et résistance, tendresse et révolte.

Je l'écris pour celles qui, dans

l'ombre des luttes collectives, ont donné tout ce qu'elles avaient sans garantie de reconnaissance, sans promesse de réciprocité. Pour celles qui, à force d'aimer, de soutenir, de réparer, ont fini par s'oublier elles-mêmes.

À travers ces pages, j'espère ouvrir une fenêtre sur ce double combat : celui contre les oppressions extérieures, mais aussi celui, tout aussi violent, qui se joue dans nos relations intimes, dans nos communautés, dans nos têtes.

Je souhaite que ce livre soit une invitation à la lucidité, à la bienveillance, mais aussi à la colère salutaire. Une invitation à refuser les chaînes invisibles qui nous lient encore, à poser des limites, à revendiquer un amour et une lutte plus justes, plus vrais.

Aux femmes noires qui saignent pour

tous, je tends ces mots comme des balafres guéries. Aux hommes qui souhaitent entendre, je tends la main. Pas pour quémander, mais pour ouvrir une autre voie.

Ce livre est né de ces paroles échangées, de ces tensions assumées, de ces prises de conscience partagées, et de cette lutte collective qui refuse l'amnésie et l'effacement.

Que cette lecture soit un seuil. Un souffle. Une révolte douce, mais ferme.

À propos de l'autrice

**Tabou M'Bleue est un nom choisi.
Un nom-refuge. Un nom-couteau.**

Derrière lui, il y a une femme noire.

Pas une experte labellisée par les hautes sphères de l'université, ni une militante à carte, visible dans les médias, mais une femme debout, debout malgré tout, debout depuis l'ombre.

Tabou M'Bleue, c'est une présence née dans le silence, dans l'efface-ment, dans l'obligation de tout porter sans jamais tout dire.

Elle écrit parce qu'il fallait survivre. Elle écrit parce que le corps, un jour, n'a plus voulu garder seul la mémoire. Elle écrit pour toutes celles qui n'ont pas le bon ton, les bons diplômes, les bons réseaux mais qui portent en elles la vérité nue.

Elle ne vient pas de l'institution. Elle vient des fissures.
Des cercles informels.
Des stories effacées.
Des messages nocturnes entre sœurs blessées mais lucides.
Elle vient de ce peuple invisible de femmes noires qui pansent et pressent la parole pour ne pas imploser.

T.A.B.O.U., le mouvement qu'elle a fondé, est né de cette urgence.

Table Afrodescendante de Belles Oratrices Unies.

Un espace encore intime, ancré pour l'instant dans les réseaux sociaux et quelques cercles de confiance, mais habité par une volonté claire : libérer, soigner, penser autrement.

Un lieu pour celles qu'on n'écoute jamais.

Un outil de libération par l'écriture,
l'analyse, la mémoire révoltée, la parole qui s'ose.

Un acronyme à décoder, un manifeste vivant.

**Ce livre est son premier pas dans
la lumière.**

Pas pour être vue, mais pour que
d'autres puissent enfin se reconnaître.
C'est une offrande, mais pas un sacrifice.
Une déchirure transformée en matrice.

*M'Bleue, parce que la douleur a ses
nuances.*
*Tabou, parce que la parole est une révo-
lution.*

**Si tu te reconnais dans ces lignes, tu
n'es pas seule.**

Ici, ta voix compte. Ici, ton silence

aussi.

Préambule

Offrosorisme : théoriser la blessure invisible

Il fallait un mot.

Un mot pour ce qui ronge, sans nom.

Un mot pour cette fatigue particulière, qui n'est ni uniquement sociale, ni seulement psychologique, mais historique, transgénérationnelle, et profondément genrée.

Offrosorisme.

Un néologisme pour dire ce que tant de femmes noires vivent sans pouvoir l'articuler : **l'autosacrifice intériorisé, nourri par l'amour, l'engagement, et la violence entre sœurs dans des contextes de domination.**

Offrosorisme = *offrande + sororicide + -isme.*

Un mot bâtard, comme les blessures qu'il désigne.

Un mot nécessaire, car il manquait une épistémologie à nos épuisements.

Ce n'est pas seulement une théorie, c'est un cri structuré.

Un refus de continuer à nommer « force » ce qui est en réalité une **hémorragie organisée.**

Un outil de lecture décolonial, radical, **in-carné**.

L'Offrosorisme est une **structure sacrificielle intériorisée**, forgée dans l'Histoire coloniale et patriarcale, où les femmes noires ont appris à aimer en saignant, à se sacrifier pour les causes, les hommes, la communauté, les enfants… même quand cela les détruit.

Mais plus encore : à rivaliser entre elles dans cette course à la meilleure offrande.

« Qui sera la plus loyale ? La plus discrète ? La plus solide ? La plus silencieuse dans la douleur ? »

bell hooks l'avait dit dans *All About Love*:

« Le sacrifice n'est pas une preuve d'amour, c'est une perversion de l'amour. » Mais chez nous, le sacrifice est devenu preuve de valeur.
Et cette logique sacrificielle se prolonge en sororicide douce : on ne s'entretue pas frontalement, non.
On s'oublie en se comparant. On s'en veut d'être trop fragile.
On juge l'autre sœur qui lâche avant nous.
Et le système adore ça.

L'Offrosorisme est donc un concept-levier.

Il permet de penser à la fois :

- La surcharge affective et militante des femmes noires ;

- La concurrence douce mais destructrice entre sœurs ;

- Le lien toxique entre amour, loyauté, silence et effacement ;

- La manière dont le patriarcat communautaire recycle nos blessures comme des vertus.

Cette épistémologie n'a rien d'universel. Elle est noire, incarnée, située.
Elle vient de nos tripes, de nos voix, de nos silences.
Elle parle le langage du ventre, du dos cassé, des cernes sous les yeux et des "je vais bien" qu'on lance pour ne pas alarmer.

Elle dit : ça suffit.

Elle dit : il est temps de désapprendre l'amour sacrificiel.

Elle dit : une autre manière d'aimer, de lutter, de vivre entre nous est possible.

*« Je saigne encore, mais je vois clair.
Je n'offrirai plus mon corps pour racheter les fautes des autres. Je choisis de désarmer l'Offrosorisme en moi, entre nous, et autour de nous. »* Ta-bou M'Bleue

Introduction

On ne parle pas assez de ce que coûte le combat, quand on est une femme noire.

Pas seulement ce que coûte le combat contre le système impérialiste racial blanc, l'impérialisme sexuel (y compris dans sa propre communauté), contre l'injustice.

Mais ce que coûte **le combat dans la lutte elle-même.**

Ce que ça coûte d'aimer un homme qui milite pour la libération des siens, mais pas pour la tienne.

Ce que ça coûte d'être au front, mais jamais au centre.

Ce que ça coûte d'aimer un homme qui ne milite pas, et minimise ton impact.

Ce que ça coûte de tout donner à la communauté, et de n'en être qu'une ombre.

Les femmes noires saignent pour tout le monde.

Elles portent les colères, les deuils, les enfants, les discours, les campagnes, les repas, les absences, les silences.

Elles aiment des hommes brisés par l'histoire, parfois violents avec elles, parfois juste absents à ce qu'elles traversent.

Elles engagent leur corps, leur voix, leur temps, leur esprit dans des luttes qui, trop souvent, **les effacent dès qu'elles ne sont plus utiles, dociles ou sacrificielles.**

J'écris ce livre parce qu'il est temps de poser les mots sur cette double peine :

Être femme noire, c'est devoir aimer, soutenir, comprendre, résister, réparer, militer, **et se taire.**

On nous demande de comprendre la douleur des autres avants même de nommer la nôtre.

De soutenir nos hommes, nos communautés, nos causes, **même quand elles nous consument.**

Aujourd'hui, je refuse le mythe de la femme noire « forte ».

Je refuse cette gloire maudite du sacrifice.

Je veux écrire pour dire l'usure, **l'abandon, l'amour sous tension, la conscience seule dans un couple, la lutte en solitaire dans des espaces collectifs.**

Je veux dire que nous aussi, nous méritons **l'écoute, la tendresse, la réciprocité.**

Ce livre est une tentative de vérité.

Une tentative de théorisation de l'invisible.

Parce qu'il fallait un nom à cette logique sacrificielle si familière et si mortelle : **l'Offrosorisme**.

Ce système où les femmes noires deviennent des offrandes muettes, **entre amour sans retour et sororicide douce**, pour préserver un collectif qui ne les protège pas.

Pas une plainte
Une libération
Une mémoire politique

M'Bleue, parce que la douleur a ses nuances.
Tabou, parce que la parole est une révolution.
Car ce qui est tabou, nous le rendons audible.

T.A.B.O.U. — Table Afrodescendante de Belles Oratrices Unies pour faire résonner nos vérités, nos douleurs, nos puissances.
Pour que nos silences d'hier deviennent les voix qui dérangent aujourd'hui.

Chapitre 1

Aimer un homme engagé, mais pas pour toi

On nous a appris à admirer les hommes qui luttent.

À voir en eux des héros debout contre le système, des piliers de la résistance, des voix pour nos peuples.

On nous a appris à les soutenir, à les soigner, à les comprendre même quand ils ne se comprennent plus eux-mêmes.

On nous a appris à les aimer. Fort. Silencieusement. Sans condition.

Mais on ne nous a pas appris à nous demander ce que ça coûte.

Ce que ça coûte d'aimer un homme

qui milite pour l'émancipation des siens... mais oublie-la tienne.

Ce que ça coûte d'applaudir ses discours en public, tout en pleurant en silence à la maison.

Ce que ça coûte d'être aux premières loges de la lutte, sans jamais être au centre de son amour.

J'ouvre ce livre par cette déchirure-là, parce qu'elle est fondatrice.

Parce que derrière les drapeaux, les manifs, les lives enflammés, il y a des femmes qui portent tout.

Le couple, le foyer, les enfants, les absences, les frustrations, les silences, les non-dits.

Et dans ces relations, parfois, le militantisme devient un masque de pouvoir.

Un lieu où l'homme est glorifié pour sa parole publique, pendant que la femme devient l'intendante de ses combats.

Ce chapitre parlera de ce **déséquilibre profond dans les relations avec des hommes militants.**

Il dira **l'invisibilisation émotionnelle des femmes noires dans ces couples.**

Et il déconstruira le **mythe du « couple militant »** qu'on brandit comme un modèle, alors qu'il laisse souvent la femme seule, usée, sacrifiée.

Ce que je décris ici, ce n'est pas une simple tension de couple.

C'est un mécanisme structurel.

C'est une violence déguisée en complicité révolutionnaire.

C'est ce que j'appelle l'**Offrosorisme** : cette logique sacrificielle que nous, femmes noires, avons intériorisée au point de nous effacer pour le bien du collectif, du frère, du projet, de la lutte.

Aimer devient alors une offrande permanente, un autel sur lequel on dépose notre voix, notre fatigue, notre joie, nos besoins.

Mais dans ce chapitre, on va dire stop.

Pas par haine. Pas pour trahir.

Mais pour que l'amour militant ne soit plus une scène où l'une brille et l'autre s'éteint.

Pour que notre tendresse cesse d'être un dû, et redevienne un choix.

1. *Le déséquilibre dans les relations amoureuses avec des hommes militants*

Ils parlent d'amour et de révolution. Mais à la maison, c'est toujours nous qui plions les drapeaux, nettoyons les armes symboliques, et recousons les blessures qu'ils ignorent même avoir infligées.

Dans les relations amoureuses où l'homme noir est militant, il existe un paradoxe douloureux : l'homme qui lutte pour la justice peut rester aveugle aux injustices qu'il produit dans sa propre intimité. Le combat politique devient alors une scène, où il brille, pendant que la femme s'efface derrière le rideau. Ce déséquilibre ne tient pas qu'à l'organisation du foyer , il est structurel, idéologique, et souvent justifié au nom du « sacré » de la cause.

Le militantisme est trop souvent pensé à travers des modèles masculins héroïsants : celui qui parle, organise, affronte l'État, les flics, les figures coloniales. Et face à cette image, la femme noire devient la «

compagne fidèle » forte, discrète, en soutien logistique, émotionnel et souvent sexuel. Elle est l'énergie cachée sous la bannière, mais jamais celle qu'on célèbre au micro.

Et lorsque cette femme ose questionner la dynamique, ose nommer son malaise, la réponse est souvent une variation de : « *Tu ne comprends pas ce que c'est que d'être un homme noir en lutte.* »

Traduction : « Tais-toi, ou tu vas nuire à la cause. »

⊥ C'est là que s'installe l'**Offrosorisme** : ce concept forgé pour nommer cette logique sacrificielle internalisée par les femmes noires. Elles acceptent de se faire petites pour que l'homme reste grand dans le combat. Elles refoulent leurs

11

doutes pour que la révo-
lution ne chancelle pas.
Elles étouffent leurs be-
soins pour ne pas être
accusées de fragiliser
l'unité.

Ce n'est pas qu'elles ignorent le poids
que porte leur compagnon. C'est
qu'elles sont les seules à porter en
silence les deux poids : celui du racisme, et celui du patriarcat intra-
communautaire.

Patrick Johnson l'écrit avec justesse dans *Revolution at Home*
(2018) :

> « La valorisation de la fi-
> gure masculine dans la
> lutte contribue parfois à
> figer les femmes dans un
> rôle d'ombre, où leur tra-
> vail reste invisible, mais
> indispensable. »

Patricia Hill Collins, dans *Black Feminist Thought* (1990), aborde aussi cette tension :

> « Les femmes noires sont souvent considérées comme des soutiens moraux, émotionnels et matériels des mouvements dirigés par des hommes. Pourtant, leurs contributions sont rarement reconnues comme étant politiques en soi. »

Ce que Collins dit ici est fondamental : le soutien des femmes est naturalisé, dépolitisé, comme si être là pour eux allait de soi, comme si leur propre lutte ne méritait pas d'être nommée. Comme si l'amour était une extension de leur engagement, mais jamais un terrain de lutte pour elles-mêmes.

La conséquence est un sentiment

d'effacement profond chez la femme, qui se bat non seulement contre le système raciste, mais aussi contre l'oubli et la minimisation dans sa propre vie intime. Ce double combat engendre fatigue, frustration, voire colère, mais aussi culpabilité : celle de ne pas être assez « militante » ou « dévouée » selon les standards masculins. Le rôle d'accompagnante sacrificielle, bien que souvent accepté par amour ou par loyauté, devient un poids difficile à porter sur le long terme.

✦ **Mini conclusion** : Le déséquilibre n'est pas un accident : c'est une reproduction interne des dominations externes. Tant que la lutte pour la libération noire ne s'accompagne pas d'une remise en question radicale du patriarcat intime, elle restera incomplète, et les femmes noires continueront à saigner pour un rêve qui les ignore.

« On s'est rencontrés dans une manifestation. Il tenait le mégaphone, moi les banderoles. J'ai cru qu'on parlait le même langage.

Mais très vite, j'ai compris : lui, c'étaient les grandes phrases, les posts viraux, les prises de parole. Moi, c'était la logistique, les nerfs, les repas, les soins. J'étais la gardienne du feu pendant qu'il courait dans les rues.

Quand j'ai essayé de lui dire que je me sentais effacée, il m'a répondu :

« Ce n'est pas le moment pour ton ego. On a une lutte à

mener. »

Mon ego ?

J'ai mis des mois à comprendre
que je n'étais pas partenaire,
mais support technique.

Et le plus ironique, c'est que
tout ça, c'était au nom de la
justice. »

2. *L'invisibilisation des besoins affectifs et émotionnels des
   femmes noires dans le couple*

On parle de nos corps, de nos luttes,
de nos ancêtres. Mais rarement de
nos larmes du soir. Rarement de
cette fatigue qui ne se dit pas, parce
qu'on craint de déranger une cause
plus grande que nous.

Dans les relations amoureuses mar-
quées par le militantisme, les besoins
émotionnels des femmes noires sont
souvent relégués au second plan.

Quand l'homme est absorbé par la lutte politique, la femme devient l'éponge émotionnelle, celle qui accueille sans se plaindre, qui comprend sans recevoir, qui apaise sans être apaisée.

Ce que vivent ces femmes, c'est une forme d'effacement affectif organisé. Une attente implicite les pousse à taire leurs doutes, à neutraliser leurs angoisses, à camoufler leur douleur – sous peine de passer pour faibles, capricieuses, ou ennemies de la lutte.

Thema Bryant-Davis (2015, *Thriving in the Wake of Trauma*) écrit:

> « Pour les femmes noires engagées, le combat contre les oppressions se double d'une lutte constante pour faire entendre leurs propres voix, souvent étouffées

par la pression d'être
inébranlables. »

Ce silence imposé agit comme une seconde violence. Il renforce le mythe de la femme noire « forte », cette figure sacrificielle capable de tout encaisser, de tout comprendre, de tout porter sans jamais faiblir.

Mais cette prétendue force, c'est souvent un masque. Derrière, il y a l'usure. L'angoisse. Le besoin de pleurer sans être jugée. Le besoin de poser la tête sur une épaule qui ne nous accuse pas d'être « trop sensibles » ou « dans l'émotion ».

C'est ici que l'Offrosorisme opère, encore une fois : cette tendance à offrir son énergie émotionnelle sans retour, à se faire thérapeute de l'homme militant tout en niant sa propre détresse. L'amour devient une offrande, et le militantisme un alibi. La femme noire finit par croire que ses besoins sont une gêne, une distraction, une faute.

Et pourtant, comme le rappelle **bell hooks** (*Sisters of the Yam*, 1993) :

> « Nous avons le droit au soin, à l'écoute, à l'amour. Ce droit ne se négocie pas. Il est fondamental à notre survie émotionnelle. »

Refuser de nommer ces absences affectives, c'est continuer à vivre sous une forme de colonisation intime. C'est accepter d'être la base émotionnelle de l'autre, sans jamais pouvoir poser ses valises.

La psychologue **Rachel E. Williams** (*Black Women and Emotional Trauma*, Journal of Black Psychology, 2019) ajoute :

> « Lorsque les femmes noires n'ont pas d'espace

pour exprimer leurs besoins émotionnels dans leur relation, elles finissent par internaliser l'idée que leur douleur n'a pas de valeur. Cette invisibilisation est une violence lente, mais profonde. »

Le militantisme, sans amour réciproque, devient un théâtre. Et la femme qui soutient sans être entendue, une figurante de son propre récit.

✦ **Mini conclusion** : Être une militante, une partenaire, une amante, une sœur cela ne veut pas dire être une éponge. Une relation engagée ne devrait jamais se construire sur l'effacement émotionnel de l'une au profit de l'épanouissement de l'autre. Il est temps d'exiger une justice affective aussi radicale que la justice sociale qu'on défend à l'extérieur.

✦ **Témoignage anonyme – Cercle T.A.B.O.U.**

« Je me souviens de cette nuit-là. Il sortait d'un live intense, il avait parlé d'aliénation, de décolonisation mentale, de libération. Il avait en-flammé les réseaux.

Moi, j'avais juste besoin qu'il me de-mande comment j'allais.

J'avais eu une crise d'angoisse plus tôt. J'en avais parlé par messages. Silence radio.

Quand il est rentré, j'ai essayé de dire : « J'ai eu peur aujourd'hui. » Il m'a regardée, agacé :

« Tu peux pas attendre demain ? Là, je suis vidé. »
Ce n'était pas la première fois. Ni la dernière.

J'ai fini par comprendre : sa révolution n'avait pas de place pour mes failles.

Et j'ai décidé que moi non plus, je ne ferai plus de place pour ce genre d'amour. »

✦ Témoignage anonyme – Cercle T.A.B.O.U.

« Je venais de sortir d'un live. Un cercle de parole entre femmes.

On y parlait de viol.

Des violences sexuelles subies dans l'enfance, dans le couple, dans les luttes.

J'étais encore tremblante, bouleversée, habitée par toutes ces douleurs partagées.

Je l'ai appelé. Je lui ai dit que j'avais besoin de douceur, juste d'être entendue. Que ça avait réveillé des choses chez moi aussi. Que j'avais mal.

Il m'a écoutée quelques minutes. Il a
dit « c'est dur, ouais », puis plus
rien.

Vingt minutes après, il m'a envoyé un
message :

« Tu viens ? J'ai envie de toi. »

Pas un mot sur ce que je venais de
dire.

Pas une question. Pas une main tendue.

Juste son désir. Brut.

Comme si mon corps pouvait redevenir disponible sans transition, sans
respect, sans tendresse.

Comme si mes traumas étaient un
détail, une parenthèse dans son besoin.

Ce soir-là, j'ai compris que l'écoute
n'était pas réciproque.

Et que l'amour, chez lui, avait une hiérarchie : ses besoins d'abord, les miens... à enterrer. »

Slam « Tu m'as demandé ça, après ça »

Tu m'as demandé ça,

Après ça.

Après mes larmes, mes tremblements,

Après que j'aie porté les récits des sœurs comme des plaies ouvertes dans ma gorge.

Tu m'as demandé ça

Comme si mon corps n'avait pas parlé juste avant.

Comme si les mots « viol » et « douleur » ne méritaient qu'un quart d'écoute avant le retour à ton plaisir.

C'est ça, l'Offrosorisme.

C'est quand on saigne, et qu'on nous demande encore de sourire.

C'est quand on crie tout bas, et qu'on nous tend un silence exigeant, avec, en prime, la faim d'un homme qui n'a rien entendu mais qui réclame tout.

C'est quand nos besoins deviennent des interférences, nos souffrances des caprices, nos limites des attaques.

C'est quand la révolte reste collective, mais que le soin, lui, reste privé de nous.

J'étais censée être forte.

Résistante.

Intelligente.

Compatible avec ton érection.

Mais pas trop avec ma voix.

Tu m'as demandé ça,

Après ça.

Et ce soir-là, j'ai compris que ton « je t'aime » avait pour condition **mon oubli**.

> 3. *Le mythe du « couple militant »,*
>   *et la réalité de la solitude*

Le « ***couple militant*** » est souvent idéalisé comme un modèle de fusion politique et affective, une utopie d'amour et de révolution mêlés. Dans l'imaginaire collectif, ce duo résistant porterait à la fois le flambeau de la lutte et la tendresse du foyer. Mais derrière les images Instagram et les récits glorifiés, beaucoup de femmes noires vivent une réalité plus crue : l'isolement émotionnel, l'invisibilisation, le sentiment d'être un outil de lutte, mais rarement une partenaire reconnue dans sa complexité.

Amos Wilson, dans son ouvrage fondamental *Blueprint for Black Power*

(1998, p. 67), écrit :

> « L'homme noir engagé
> dans la lutte est souvent
> confronté à une double
> pression : celle de com-
> battre le racisme systé-
> mique tout en conservant
> une certaine image de vi-
> rilité forgée dans un sys-
> tème patriarcal. Cette
> double exigence tend à
> le focaliser sur l'action
> publique et la résistance
> extérieure, reléguant à
> l'arrière-plan la recon-
> naissance des femmes
> qui soutiennent cette
> lutte, souvent à leurs
> propres dépens. Le
> foyer, pourtant lieu de
> reconstruction et de
> force, devient paradoxa-
> lement un espace d'invisi-
> bilité pour ces femmes. »
> 27

Et c'est là que le piège se referme. Dans ces relations, l'*Offrosorisme* s'installe comme une norme silencieuse : la femme noire, convaincue que la lutte passe avant tout, accepte de taire ses blessures pour que l'image du couple résistant reste intacte. Elle sacrifie ses besoins émotionnels au nom d'un idéal collectif. Et comme toute offrande trop répétée, elle finit par disparaître dans le rituel.

Et cette invisibilité trouve son origine dans des dynamiques patriarcales profondément enracinées. L'homme militant, occupé à faire face aux oppressions sociales, peut inconsciemment reproduire dans sa sphère intime les schémas de domination extérieure. Dans ce contexte, la femme est souvent perçue comme un soutien logistique, un pilier discret plutôt qu'une partenaire à part entière. Le rôle qu'on lui attribue est celui de l'ombre, de l'accompagnante silencieuse dont les sacrifices ne sont pas célébrés, ni même reconnus.

La psychologue **Thema Bryant-Davis**, dans *Thriving in the Wake of Trauma* (2015), abonde dans ce sens :

> « Les femmes noires engagées dans des relations avec des hommes militants font face à une double invisibilisation : non seulement leurs traumatismes personnels sont minimisés, mais leurs besoins émotionnels sont souvent ignorés au nom de la lutte collective ».

L'homme militant, absorbé par les combats extérieurs, laisse parfois pourrir ceux de l'intérieur. Il y a une sorte de schizophrénie affective dans cette dynamique : on peut parler de libération toute la journée, et maintenir une femme en captivité émotionnelle chaque nuit.

Le couple devient alors un théâtre à deux vitesses. Lui, sur le devant de la scène, en héros de la cause. Elle, dans les coulisses, à gérer les drames, le stress, les contradictions. Et lorsqu'elle demande de l'espace pour sa voix, on lui oppose la sacralité de la lutte, comme si exprimer un besoin était une trahison.

Michael Eric Dyson, dans *Come Hell or High Water* (2006), met en garde contre cette idéalisation creuse :

> « La lutte contre l'oppression doit s'accompagner d'une critique interne profonde, incluant les relations intimes. [...] Sans cela, les forces qui unissent peuvent aussi

diviser. »

Ce mythe du couple militant, en vérité, n'est pas un rêve partagé, mais
souvent un **fantasme masculin** dans
lequel la femme est conviée sans
droit d'auteur. Et lorsqu'elle ose déconstruire le décor, elle devient «
divisante », « confuse », « trop sensible », « pas assez engagée ».

Mais aimer n'est pas militer dans
l'ombre. Aimer, c'est aussi militer
pour soi, pour sa reconnaissance,
pour sa place entière. Et ça, ce n'est
pas un caprice. C'est une urgence politique.

Cette réalité complexe est illustrée
par un témoignage recueilli lors d'un
cercle de parole :

> « J'étais fière de son engage
> ment, je croyais qu'on avançait
> ensemble, mais chaque jour, je
> me sentais un peu plus

invisible. Il parlait de justice et d'égalité, mais à la maison, mes besoins semblaient hors sujet. J'ai passé des années à soutenir un homme qui se battait pour nous tous, mais qui n'avait pas de place pour moi. »

L'illusion du « couple militant » repose aussi sur une certaine idéalisation de la lutte collective, comme si la passion politique devait automatiquement transcender les difficultés personnelles. Or, la politique ne peut remplacer les soins affectifs, ni compenser le manque d'écoute et de reconnaissance. La complexité des émotions humaines ne disparaît pas dans l'engagement politique ; au contraire, elle peut s'en trouver amplifiée si elle n'est pas prise en compte.

Il s'agit donc d'une invitation à repenser le couple militant non pas comme une fusion parfaite, mais comme un espace où la reconnaissance mutuelle, la parole honnête et la prise en compte des besoins émotionnels deviennent des éléments clés de la résistance. Une lutte inclusive doit commencer par reconnaître les souffrances invisibles, les solitudes cachées, et les inégalités qui persistent dans l'intimité.

La solitude que vivent ces femmes ne doit pas être un passage obligé, ni un sacrifice silencieux. Elle est un signal d'alarme qui appelle à la construction de relations où la lutte pour la justice sociale se conjugue avec la justice affective. Car,

 Comme le rappelle **bell hooks** dans *All About Love* (2000) :

> « L'amour véritable, dans toute sa radicalité, doit inclure la justice, la reconnaissance et le respect des besoins de

chacun. Sans cela, il de-
vient un simple masque
qui cache les inégalités
et les blessures. »

Ainsi, déconstruire le mythe du
couple militant, c'est ouvrir la voie à
une nouvelle forme d'engagement où
les partenaires s'aiment non seulement dans la lutte, mais aussi dans
leur humanité entière, avec leurs
fragilités et leurs besoins affectifs.

**Témoignage anonyme – Cercle
T.A.B.O.U.**

« Nous étions en couple. C'est sur les
réseaux sociaux que nos échanges
ont commencé autour de nos engagements, de notre fierté pour nos racines, de notre volonté de lutter
contre le racisme systémique. Il
avait une parole forte, charismatique, un militant radical.

Pourtant, malgré tout ce qu'il proclamait publiquement, dans nos conversations privées, il gardait un comportement profondément patriarcal et masculiniste. Il attendait de moi une solidarité inconditionnelle envers lui, me faisant toujours passer derrière ses priorités, même quand il s'agissait de femmes opposées à la lutte.

Ah, les « tromperies dégueulasses » comme si c'était un détail mineur, presque un badge d'honneur pour lui. Parce qu'évidemment, rien de tel pour prouver qu'on est un « vrai combattant » que de jongler entre les combats sociaux et les petites escapades clandestines. Le mensonge devenait un art, et les humiliations, un spectacle quotidien, souvent subtiles, parfois beaucoup moins.

Quand j'évoquais mes souffrances, il minimisait, ou utilisait la cause pour me faire taire, me reprochant souvent de ne pas être assez engagée, ou de ne pas comprendre l'importance de ses combats.

Il parlait souvent de « protéger les
valeurs ancestrales », comme s'il détenait un rôle sacré d'homme à défendre, auquel je devais me soumettre silencieusement. Dans cette
logique, ma voix et mes besoins
n'avaient que peu d'importance.

Malgré la distance physique, je me
sentais isolée, seule face à mes
doutes, parce que la lutte qu'il portait ne laissait pas de place à mes
émotions ni à ma vérité.

Sur les réseaux, il brillait comme un
leader, un frère à suivre. Mais dans
nos échanges, il imposait ses codes,
sa vision du militantisme, où la place
de la femme restait limitée, cantonnée au silence et à la patience.

J'ai essayé de parler, de poser mes

limites. Mais il me reprochait de « trop me plaindre ». J'ai fini par comprendre que militer pour la liberté ne suffisait pas à garantir l'égalité dans le couple. »

Conclusion : Aimer sans disparaître

Aimer un homme engagé, c'est parfois croire qu'on partage un idéal commun. Mais pour nombre de femmes noires, cette union devient un espace de contradictions : entre l'amour et le silence, entre la solidarité et l'effacement, entre le soutien inconditionnel et l'oubli de soi.

Ce chapitre ne vise pas à condamner l'engagement des hommes noirs ; il est vital, nécessaire, précieux. Mais il s'agit de **dénoncer les angles morts** de cette posture militante quand elle ne s'accompagne pas d'un travail introspectif sur les **formes de domination patriarcale** qu'elle peut reconduire, même au sein des cercles les plus révolutionnaires.

La justice ne s'arrête pas à la porte de la maison. **Un homme qui lutte contre le système mais ne reconnaît pas la douleur de la femme qui partage son quotidien n'est pas un allié, mais un relais du même système.**

Aimer ne doit pas être un exercice d'annulation de soi. Il est temps de **repolitiser les relations intimes**, de les inscrire dans un projet émancipateur véritable, où le respect, l'écoute et la reconnaissance ne sont pas des bonus, mais des fondements.

Comme le disait **Audre Lorde** :

> *« Nous ne pouvons pas démanteler la maison du maître avec les outils du*

maître.>> *Audre Lorde,*
The Master's Tools Will Never
Dismantle the Master's House,
1984.

Il est donc urgent de créer des espaces où l'amour ne rime plus avec sacrifice, et où les femmes noires ne sont plus les compagnes invisibles de luttes trop masculines, mais les **co-architectes d'une libération qui commence dans la vérité affective.**

Chapitre 2

Quand la communauté te réclame, mais ne te protège pas

Elles sont là. Depuis toujours.

Dans les couloirs des associations, sur les scènes qu'elles montent sans jamais y monter, dans les silences pleins de fatigue derrière les pancartes.

Elles sont les bras qui accueillent, les mains qui recousent, les bouches qui taisent.

Les femmes noires.

La communauté les célèbre... quand ça l'arrange. Elle les appelle à la rescousse pour faire tenir les murs, organiser les événements, soigner les blessures masculines qu'on n'ose pas nommer. Mais au moindre éclat, au moindre pas de côté, au moindre mot qui dérange l'ordre patriarcal déguisé en « cause noble », c'est le bannissement, le soupçon, la honte.

Dans le miroir de la lutte, elles sont floues. Invoquées mais pas écoutées. Exigées mais pas protégées.

On leur demande d'être le ciment, le cœur, la mémoire, le soutien. On leur demande de tout donner. Mais on oublie de leur demander comment elles vont.

Et quand elles tombent, la communauté regarde ailleurs.

C'est là que s'infiltre l'**Offrosorisme communautaire** : cette attente sacrificielle intériorisée, où la femme noire se convainc que son silence est un acte de loyauté, que son oubli de soi est un gage de solidarité, que sa douleur n'a pas le droit d'exister si elle menace la cohésion du groupe.

Ce n'est pas la lutte qui les détruit. C'est ce qu'on leur fait croire qu'elles doivent être pour y rester utiles. La sociologue

Fatou Sow le rappelle avec justesse :

> « La reconnaissance des femmes dans les mouvements collectifs est souvent conditionnée à leur effacement. Leur engagement n'est valorisé que s'il reste discret, nourri de silence et de sacrifice. » *Les femmes noires en France, 2018*

Et **Thomas Sankara**, dans un souffle de vérité intemporelle, déclarait :

> « La révolution et la libération de la femme vont de pair. Nous ne pouvons

42

pas accomplir l'une sans l'autre. » Discours, Ouagadougou, 1987

Ces mots tracent une ligne « blanche » : sans protection des femmes noires, sans reconnaissance pleine de leur place et de leurs blessures, **il n'y a pas de libération authentique.** Il n'y a qu'une mascarade, où les mêmes dominations changent juste de costume.

Il est temps de poser une question simple, qui dérange :

À quoi sert une communauté qui ne protège pas ses piliers ?

1. *Le pilier invisible de la communauté*

Il y a des fonctions dans la communauté qu'on ne nomme jamais comme politiques, parce qu'elles sont féminines. Organiser les repas. Tenir les

enfants. Gérer les tensions internes.
Rappeler les dates. Apaiser les egos.
Accueillir. Réparer. Porter. C'est le
travail qu'on confie sans réfléchir
aux femmes noires, comme si c'était
leur mission naturelle. Comme si ça
allait de soi.

Dans les espaces militants noirs,
qu'ils soient associatifs, culturels,
spirituels ou politiques, cette division du travail se reproduit sans jamais être questionnée. Les hommes
prennent la parole, les femmes assu-
rent l'intendance. Les hommes montent sur scène, les femmes s'assu-
rent qu'il y ait des chaises, du thé,
des flyers imprimés. Elles sont partout. Mais leur nom, leur pensée,
leur douleur ? Nulle part.

Ce n'est pas un oubli. C'est une stratégie implicite. Et c'est précisément
ce que dénonce **Claudette Joseph** :

« Les femmes haïtiennes sont l'épine

dorsale de toutes les luttes popu-
laires, bien qu'elles soient rarement
mises en avant. Leur travail invisible
est la condition même de la continuité de la mobilisation, sans reconnaissance ni repos. » *Femmes haïtiennes :
Résilience et résistance* (2019) :

Ce rôle de « gardienne de la communauté », on le sacralise. Mais on ne
l'honore jamais. Il devient une assi-
gnation douce, affective, mais lourde
comme une enclume.

Fatou Sow va plus loin :

> « Le travail de soin mili-
> tant, assuré majoritaire-
> ment par des femmes
> noires, les éloigne des
> espaces de prise de déci-
> sion, renforçant un cli-
> vage entre l'agentivité
> visible des hommes et la
> contribution invisibilisée

des femmes. » *Les femmes*
noires en France (2018)

Ce décalage entre visibilité et agentivité produit une dissymétrie perverse. Les femmes noires deviennent indispensables et effacées. Présentes, mais non reconnues. Solides, mais jamais consultées. Leur loyauté est attendue. Leur souffrance est ignorée.

C'est ici que l'**Offrosorisme** s'enracine. Dans cette position structurelle où la femme noire, par amour du collectif, accepte de se sacrifier à petit feu. Elle devient pilier, mais jamais sujet. Elle donne tout son temps, son énergie, ses bras, ses oreilles, sa cuisine, ses week-ends, son compte en banque parfois sans attendre de remerciement. Et surtout sans exiger de place.

Car exiger, ce serait « diviser ». Ce serait « se mettre en avant ». Ce serait « oublier la cause ».

Alors elle reste. Silencieuse. Loyalement effacée.

✦ **Mini conclusion** : La communauté ne tient pas debout sans ces femmes. Mais cette architecture affective et logistique repose sur leur épuisement. Ce n'est pas de la solidarité, c'est de l'exploitation ritualisée sous forme d'amour. Il est temps de requalifier ce « travail militant féminin » pour ce qu'il est : un acte politique de première ligne, trop souvent sacrifié sur l'autel du collectif.

✦ **Témoignage anonyme – Cercle T.A.B.O.U., Marseille, 2023**

« J'étais celle qui tenait tout. Qui organisait les plannings, qui trouvait les salles, qui écrivait les mails, qui ramenait les thermos, qui appelait quand un frère ne répondait plus. Ils

disaient que j'étais « la colonne vertébrale du groupe ». Mais on ne me
laissait jamais parler en réunion. On
me remerciait du bout des lèvres,
mais jamais on m'écoutait. Une fois,
j'ai proposé un atelier sur les traumatismes transgénérationnels. On
m'a répondu que « ce n'était pas
prioritaire pour la cause ». Mais si
moi je m'effondrais, tout le monde
m'appelait. J'étais l'énergie. Jamais
la voix. »

**✦ Témoignage – Claire, militante
haïtienne en région parisienne**

*« J'ai toujours été celle qui faisait le
lien, qui organisait les réunions, qui
veillait à ce que tout fonctionne. On
me disait 'Merci', mais jamais on ne
me demandait si j'allais bien. Une
fois, après une manifestation particulièrement difficile, je me suis effondrée chez moi. Personne ne l'a vu.*

Parce que, pour eux, j'étais juste 'la militante'. La communauté m'attendait, mais ne m'a jamais protégée. »

2. *L'absence de protection et les violences silenciées*

Le paradoxe est cruel et pourtant familier : la communauté réclame tous des femmes noires, leur temps, leur loyauté, leur amour, leur force, leur silence, mais elle ne les protège pas. Quand elles tombent, quand elles souffrent, quand elles parlent… il n'y a souvent personne. Ou pire : il y a les regards fuyants, les rappels à l'ordre, les injonctions à ne pas « nuire à la lutte ».

Les violences que subissent les femmes noires dans les espaces militants ne sont pas des accidents isolés. Elles sont structurelles. Et trop souvent, elles sont recouvertes du voile de la « solidarité communautaire » un voile qui sert à bâillonner, à faire taire, à réorienter la douleur vers le silence.

La psychologue haïtienne **Marie-Cé-lie Agnant** affirme:

« Le silence autour des violences au sein des groupes militants est un poison qui ronge la cohésion communautaire et perpétue les structures patriarcales et coloniales. » *Voix de femmes* (2020, p. 89)

Cette omerta repose sur un **pacte de virilité**, que le psychologue panafricaniste **Amos Wilson** décrit comme une construction collective :

> « Un pacte implicite
> entre hommes, bâti sur
> l'idée que la masculinité
> se forge dans le con-
> trôle, et parfois l'effa-
> cement des femmes. »

Blueprint for Black Power, 1998

Dans cette même logique, Wilson met en garde contre les mécanismes d'aliénation interne :

> *« La fausse conscience, l'auto-aliénation et la haine de soi poussent les opprimés à s'engager dans des comportements qui les sabotent, des assauts autodestructeurs contre leurs propres intérêts. » Blueprint for Black Power, 1998*

On pense protéger le groupe. Mais ce qu'on protège vraiment, c'est la virilité d'un frère, le charisme d'un leader, l'image d'un mouvement, au détriment de la sécurité réelle des femmes.

La psychologue américaine **Thema Bryant-Davis** souligne également dans les groupes militants, « la peur de fragiliser la cause peut pousser à étouffer les plaintes, créant un climat toxique où les victimes hésitent à parler »

> « Lorsque le groupe est perçu comme vulnérable à l'extérieur, les femmes sont souvent contraintes au silence à l'intérieur. Elles doivent porter la souffrance sans faire de vague » Trauma, 2015

C'est ici que s'enracine une forme d'**Offrosorisme communautaire** : cette posture sacrificielle intériorisée qui pousse les femmes noires à ravaler leurs cris pour ne pas faire de tort à la cause . Elles souffrent. Elles savent. Mais elles taisent. Parce qu'elles ont appris, dès

l'enfance ou dans les cercles militants, que protéger l'image du collectif vaut plus que protéger leur
propre corps. Mais à force de taire
les abus, on les normalise. À force
de comprendre le contexte , on excuse l'inexcusable. Et à force d'être
fortes, on devient des cibles faciles.

Cette injonction au silence engendre
une double peine : vivre la violence,
puis la nier pour préserver une image
collective. Ce pacte se manifeste
dans les silences, dans les réunions
où les plaintes sont reléguées à plus
tard, dans les messages non répon-
dus, dans les excuses rhétoriques.
Il ne faut pas diviser. « Ce n'est pas
le moment. » « Tu devrais régler ça
en privé. » Et pendant ce temps, la
sœur blessée se dissout, seule, dans
une honte qui n'est même pas la
sienne.

Ces dynamiques créent une

insécurité constante pour les femmes engagées, qu'il s'agisse de harcèlement verbal, d'abus psychologiques, ou d'agressions plus graves encore.

✦ Mini conclusion :

Une communauté qui exige tout d'une femme noire mais la laisse seule face aux violences qu'elle subit n'est pas une communauté. C'est une structure de prédation déguisée en famille. Tant que la protection ne sera pas aussi sacrée que la lutte, nos espaces resteront des terrains minés pour celles qui les construisent.

> « Une communauté qui sacrifie ses mères, ses sœurs et ses filles sur l'autel de la stratégie ne mérite ni victoire ni paix. »
> Kwame Ture (Stokely Carmichael)

✦ Témoignage anonyme – Cercle

T.A.B.O.U., 2023

« On l'appelait "le frère pilier". Moi aussi, je l'appelais comme ça. Il était charismatique, toujours là dans les réunions, la main sur le cœur, la bouche pleine de théories.

Un jour, il m'a poussée contre un mur, parce que je refusais une énième remarque déplacée. Il m'a hurlé dessus, et m'a traitée d'ennemie du peuple.

J'ai voulu parler. Mais on m'a dit : « Ce n'est pas le moment. Il est précieux pour la mobilisation. »

Précieux ? Et moi, je suis quoi ? Jetable ? Une variable d'ajustement pour qu'il continue à briller sans tâche ?

Ce jour-là, j'ai compris que ma douleur n'avait pas de place dans la stratégie. J'ai compris que j'étais sacrifiable. »

3. *Le coût émotionnel du « tout donner pour la cause »*

L'épuisement des femmes noires
dans la lutte n'est pas qu'une métaphore. C'est un fait tangible, brutal,
psychologique, physique, spirituel.
On les réclame sur tous les fronts :
être fortes, disponibles, engagées,
loyales, résilientes… mais on oublie
de leur offrir du repos, de l'écoute,
ou même le droit d'être vulnérables.
On attend d'elles qu'elles soient les
fondations inébranlables de nos combats, alors même qu'elles saignent
déjà sous le poids des attentes.

> « La charge mentale liée
> à l'hyper-responsabilisa-
> tion des militantes
> noires les pousse à nier
> leur propre souffrance,
> alimentant un cercle vi-
> cieux où leur sacrifice

est invisible et non re-
connu. » Aïssatou Mbodj.
L'épuisement militant (2017)

Moya Bailey, à travers sa réflexion sur la misogynoir parle d'un épuisement profond :

> « L'épuisement militant n'est pas seulement individuel, il est collectif. C'est le reflet d'une culture politique qui célèbre les femmes noires quand elles donnent tout, mais qui les oublie quand elles tombent. » Misogynoir Transformed, 2010

Ce que ces auteures décrivent, c'est aussi l'une des manifestations les plus insidieuses de **l'Offrosorisme**. Car ce sacrifice n'est pas seulement imposé de l'extérieur ; il est aussi intériorisé. Il est transmis, enseigné, glorifié. Être une femme noire engagée, c'est parfois hériter d'un script sacrificiel où l'on donne tout... même quand plus rien ne reste à offrir.

Et parce qu'on les a élevées dans cette logique de «*fanm poto-mitan* »

« femme-pilier », elles finissent par s'user en silence. Elles se battent, soutiennent, organisent, réparent, mais qui les porte, elles ? Qui écoute leurs failles ? Qui panse leurs pertes ?

Oyèrónkẹ́ Oyěwùmí, rappelle combien les sociétés africaines postcoloniales ont reconduit des rôles genrés naturalisés par le regard occidental :

> « Le travail de care attribué aux femmes n'est pas une évidence biologique mais une construction sociale ancrée dans

des systèmes de domination hérités de la colonisation. » The Invention of
Women (1997)

Même analyse chez **Nadine Machikou**, politologue camerounaise, qui
écrit:

> « Dans les dynamiques
> communautaires afri
> caines, les femmes sont
> les chevilles ouvrières in
> visibles du lien social,
> mais rarement les archi
> tectes visibles du pou
> voir collectif. » Genre et
> politique en Afrique (2020)

Le problème n'est donc pas seulement contextuel, il est structurel.
Et il traverse les continents noirs.

Comme le dit **Ngũgĩ wa Thiong'o** :

> « Il n'y a pas de libéra
> tion réelle si elle ne

commence pas par la res-
titution du langage, de la
mémoire et de la dignité
de ceux qu'on a réduit au
silence. » Décoloniser l'esprit
(1986)

Et **Awa Thiam**, pionnière du féminisme africain, l'avait déjà affirmé:

« On a toujours utilisé
les femmes noires
comme mères, nourrices,
bras solides, mais jamais
comme têtes pensantes
de nos libérations. » La
parole aux Négresses (1978)

✦ **Témoignage– Cercle
T.A.B.O.U., Mireille, activiste
franco-haïtienne**

« J'étais présente sur tous les
fronts, à l'organisation, à la logistique, au soutien moral. Mais

personne ne voyait que je craquais, que je pleurais seule le soir. J'avais l'impression que si je disais mes limites, j'abandonnais la lutte. »

✦ **Témoignage anonyme – Cercle T.A.B.O.U., Port-au-Prince, 2022**

« Ma sœur, j'ai voulu me battre pour nous tous, mais j'ai fini par m'oublier. Je préparais les actions, je soutenais ceux qui s'effondraient, mais personne ne m'a jamais demandé comment j'allais. On me disait que j'étais « Manman gwoup la » – comme si c'était un compliment. Un jour, je me suis effondrée dans le silence. Et personne n'a rien vu. »

Le burn-out militant des femmes noires ne doit plus être normalisé. Il n'est ni noble, ni stratégique. Il est la preuve que nos communautés ont encore du mal à aimer leurs fondations.

Amzat Boukari-Yabara l'exprime avec clarté :

> « Une communauté qui laisse ses femmes tomber est une nation qui oublie son avenir. » Africa Unite ! (2014)

Alors oui, il faut aimer les femmes noires autrement. Les célébrer sans les épuiser. Les écouter sans les consommer. Les honorer sans les user. Il est temps d'inventer une résistance qui soigne, une révolution qui berce, une libération qui guérit. Donc il est urgent de penser à des espaces de soin, de justice restaurative, et de leadership partagé. Il est urgent aussi de bâtir une mémoire collective qui ne fasse pas des femmes des ombres, mais des architectes visibles du changement.

> « Il n'y aura pas de

libération collective sans
réparation des femmes
noires. » **Tabou M'Bleue**

*Et cette fatigue, cette lucidité,
cette douleur muette ne sont pas
des exceptions. Elles se répètent, de
génération en génération, de pays en
pays. Je les retrouve dans les mots
d'une sœur qui m'a confié son histoire.*

**✦ Témoignage- Cercle T.A.B.O.U.,
Nivelor**

*« La petite fille de 12 ans qui a posé
le pied en France le 19 mars 2004
n'aurait jamais imaginé devenir, 22
ans plus tard, une femme engagée
dans la lutte pour sa communauté.
Pourtant, en replongeant dans mes
souvenirs, je réalise que défendre
les autres a toujours été une part de
moi. Mes parents me voyaient*

avocate, parce que j'aimais plaider ma cause et celle des autres. Mais dans notre communauté, une fille qui élève la voix, qui ose contester, c'est mal vu. On nous éduque à devenir des épouses « madan m entèl » et non des femmes qui prennent place et rôle dans la société.

Aujourd'hui, à 34 ans, je m'interroge encore sur le rôle que la société voudrait imposer aux femmes. Mais une chose est sûre : je refuse le rôle réducteur de « madan m entèl ». Paradoxalement, mes parents m'encouragent dans ma lancée, alors même qu'ils ont été les premiers à me transmettre ces injonctions.

Être consciente de la réalité de notre communauté (nos retards, nos attentes, nos besoins, nos blessures, nos combats politiques, culturels, sociaux, économiques, humains, écologiques) c'est un défi immense.

Militer et défendre ma communauté, c'est aussi encaisser des insultes au sein même de ma communauté. Défendre et dénoncer les violences faites aux femmes, c'est « être une misandre », « une célibataire aigrie », « une femme qui a un problème à régler avec son père ». Défendre les enfants, alors que je n'en ai pas, me rendrait illégitime pour certains. Lorsque je soutiens les hommes noirs, soudain je deviens une « pickme ». Tant d'étiquettes qu'on m'impose et qu'on impose à mes sœurs pour détourner le regard de la véritable problématique : la suprématie blanche qui nous écrase depuis que nos routes ont croisé la sienne.

Cette suprématie blanche nous divise, nous tue, nous force à affronter à la fois la misogynie noire, le racisme, le sexisme, l'hypersexualisation, alors que notre énergie devrait aller à nos priorités vitales : notre *éducation, notre instruction, notre santé, notre autonomie économique, la protection de nos enfants.*

Parfois, je me dis que celles et ceux qui vivent dans l'ignorance dorment sûrement mieux que moi. »

Conclusion : Celles qui tiennent les murs sans jamais y figurer

Il y a des femmes noires qui tiennent les murs des communautés comme d'autres tiennent la respiration. Elles sont là quand il faut cuisiner, consoler, traduire, planifier, essuyer, coordonner, ramasser. Là sans être vues. Présentes sans être pleines. Utilisées sans être reconnues. Elles sont l'armature des luttes, le liant des colères, le souffle des rassemblements. Mais qui tient leur cœur quand il se fissure ? Qui les ramasse quand elles s'effondrent hors cadre, loin du tambour et du slogan ?

Ce chapitre, ce n'est pas une plainte. C'est un acte de lucidité. Un refus. Une vérité mise à nu. Une parole qui vient briser le mur de silences dans lesquels on a voulu confiner les blessures féminines noires, au nom du groupe, de la lutte, de l'image, de la Cause.

Parce qu'il faut le dire : **l'Offrosorisme**, cette logique sacrificielle intériorisée par trop de femmes noires, n'est pas née dans le cœur des colons. Elle a aussi été cultivée dans nos cercles, nos collectifs, nos familles, nos groupes WhatsApp, Télégrame, nos AG militantes etc ... Cette injonction à se faire petite pour le bien du tout, à se taire pour ne pas déranger, à donner sans limite pour la « survie communautaire », est une machine d'épuisement maquillée en amour politique.

Mais un amour qui épuise n'est pas un amour. C'est une dette. Et une dette perpétuelle, c'est un' esclavage.

À force de tout donner, beaucoup se sont oubliées. Elles ont accepté d'être « la maman du groupe », « la sœur forte », « celle qui est toujours là », jusqu'à ne plus être là pour elles-mêmes. Et quand elles tombent, il n'y a plus personne. Le groupe qu'elles ont tant soutenu devient soudain muet. Coupable d'oubli. Complice de fatigue. Silencieux comme un patriarcat bien rodé.

Alors non. Ce n'est pas trahir la communauté que de dire : « je suis fatiguée, j'ai mal, et je veux vivre autrement. » Ce n'est pas diviser que de nommer l'injustice dans nos propres foyers militants. C'est **aimer radicalement**. C'est réparer l'Histoire, depuis l'intérieur.

Comme le disait **Wangari Maathai**, première femme africaine Nobelisée pour la paix :

> « Il n'y a pas de paix possible dans une nation tant que les femmes ne peuvent pas vivre en paix chez elles. »

Et comme le rappelle **Nadine Machikou** :

> « La force politique des femmes noires commence là où elles cessent d'être les éponges affectives d'un monde qui les ignore. »

Ce chapitre est un rappel. Une mémoire. Une alerte.

Il dit : « Assez. »

Il dit : « Pas sans nous. »

Il dit : « La révolution ne se fera

plus sur notre dos. »

Alors que ceux qui veulent construire demain commencent par réparer ce qu'ils ont négligé hier.

Et que les communautés qui disent
nous aimer nous aiment jusqu'à notre
repos.

Jusqu'à notre fragilité.

Jusqu'à nos limites.

Jusqu'à notre droit d'exister **sans
sacrifier**.

Nous ne voulons plus être les fondations silencieuses des causes qui
nous ignorent.

Nous voulons être les architectes visibles de nos libérations.

Et cette fois, **nous ne saignerons
pas pour un rêve qui nous exclut.**

✦ SLAM Et si je m'arrêtais ?

Et si je m'arrêtais, là, maintenant ?

Si je ne répondais plus ?

Si je laissais les messages sur « lu »,

les réunions sans thé,

les débats sans pain,

les cris sans bras pour les recueillir
?

Si je n'étais plus la sœur forte, celle
qui arrive toujours avant l'effondrement,

celle qui devine sans qu'on parle, qui
pardonne avant qu'on s'excuse, qui
console ceux qui ont oublié son prénom ?

Et si je me taisais ?

Pas par peur.

Mais par protection.

Si je devenais l'ombre de ce que j'ai
toujours donné,

Si je posais ma tendresse comme on
jette une arme usée.

Qui viendrait ?

Qui remarquerait mon absence,
quand ma présence a toujours été un
dû ?

Qui porterait la casserole, la pan-
carte, le deuil, la colère, quand ce
n'est plus moi ?

Je n'ai pas signé pour mourir à petit
feu dans un foyer qu'on appelle « collectif ».

Je n'ai pas juré loyauté à une cause
qui oublie que je suis humaine.

Pas que pilier. Pas que pilier.

J'existe.

Pas juste en fonction des autres.

J'existe.

Avec mes limites,

mes silences que je ne dois plus expliquer, mon amour que je choisis de
réinvestir , dans un lieu qui me
soigne.

Alors j'écris.

Pas pour supplier.

Mais pour cesser de m'offrir.

Et si je m'arrêtais ?

Peut-être que la lutte commencerait.

Pour de vrai.

Avec moi.

Pas sans moi.

Plus jamais sans moi.

Tabou M'Bleue

Parfois, même quand on donne tout, notre temps, notre cœur, notre soin ce n'est jamais assez pour être vues, ni protégées.

On tient la communauté debout, mais qui nous tient, nous, quand on s'écroule ?
Et dans ces espaces censés nous réunir, il arrive qu'on se blesse entre femmes. Pas toujours par malveillance. Par fatigue. Par manque d'écoute. Par réflexe de survie.
C'est aussi ça, l'Offrosorisme : Ce poison doux qui nous pousse à sacrifier même nos sœurs au nom de la cause, au nom d'un homme, au nom d'un groupe.
Ce réflexe de survie hérité d'un monde qui nous a dressées à la loyauté… mais pas à la sororité.

Ce chapitre qui arrive, c'est ça : ouvrir la plaie.
Regarder en face la sororicide douce.
Pas pour accuser. Mais pour guérir. Ensemble.

« Nous portons des mondes dans nos ventres, mais parfois nous nous oublions les unes les autres. » **Claudine Michel**

« When women gather with honest hearts, healing happens. Not always loudly. But always deeply. » « Quand les femmes se rassemblent avec des cœurs sincères, la guérison advient. Pas toujours bruyamment. Mais toujours en profondeur. » **Alex Elle**

Chapitre 3

Entre solidarité sororale et rivalités imposées

On ne parle pas assez des blessures entre femmes noires. On ne veut pas en parler. Par loyauté. Par fatigue. Par peur, aussi, d'être accusées de trahir une sororité qu'on peine pourtant à incarner pleinement. Et pourtant, il le faut.

Ce chapitre ne sera pas un règlement de comptes, ni une litanie sur les femmes « jalouses », « dures entre elles » ou « trop fières ». Ce genre de récit existe déjà, à la pelle, souvent écrit par des plumes qui ne nous aiment pas. Ce que nous voulons ici, c'est creuser dans ce qui fait mal **entre nous**, mais en gardant les yeux ouverts sur le système **qui nous**

dresse les unes contre les autres tout en exigeant notre loyauté mutuelle.

Parce que non, ce n'est pas une histoire de mauvais caractère. Ce n'est pas notre « nature », ni une tare génétique. **Ce sont les miettes qu'on nous jette, les hiérarchies invisibles qu'on nous inculque, les rôles figés qu'on nous assigne.** Quand les femmes noires se jaugent, se jugent ou se comparent à l'excès, ce n'est pas par caprice : c'est souvent parce que la société leur a fait croire qu'il n'y avait **qu'une seule place.** Une seule. Pour une seule « bonne » noire. Une seule qu'on écoute. Une seule qui mérite l'amour, la réussite, la reconnaissance.

Et alors, on se surveille. On s'évalue. On s'épuise.

Mais surtout : on s'efface entre nous, par peur de prendre trop de

lumière, ou par volonté inconsciente
d'en retirer à l'autre.

C'est ici qu'intervient **l'Offrosorisme**, ce concept forgé pour nommer **la logique sacrificielle intériorisée par les femmes noires**, mais
aussi les **tensions silencieuses
qu'elle génère entre sœurs**. Car à
force de se sacrifier pour tous, **certaines finissent par demander aux
autres de se sacrifier aussi**. Et
quand une femme refuse ce rôle,
qu'elle affirme ses limites, qu'elle dit
non, qu'elle brille un peu trop, **elle
devient suspecte**, **voire menaçante**.
Alors parfois, sans le vouloir, on la
juge. On la frappe avec les mots. On
la punit avec le silence.

C'est ce que j'appelle la dimension
sororicidaire de l'Offrosorisme :
une blessure douce, souvent non-
dite, mais corrosive. Ce ne constitue
pas un crime de haine. C'est un

réflexe appris dans la douleur : « Si
moi je m'éteins pour la cause, pourquoi toi tu refuses de le faire ? »
Ironique non ?

Une forme de jalousie militante. Une
surveillance affective. Un chantage à
la loyauté.

Et si l'on refuse d'en parler, on continue à faire le jeu du système.

Ce chapitre est un miroir. Un appel.
Une tentative d'écrire une sororité
réelle, pas mythifiée. Une sororité
qui se construit, pas qui s'impose.
Nous voulons une sororité qui se
construit, qui s'ancre dans la vérité,
**qui supporte le poids des blessures
et le courage de les regarder en
face.**

« Si nous voulons être
libres, vraiment libres, il
faudra apprendre à nous
regarder sans peur, à

78

nous parler sans masque,
et à nous guérir sans
honte. » **June Jordan**

Guérir entre nous, ce n'est pas un luxe. Ce n'est pas une option. C'est une urgence politique

1. Les blessures entre sœurs : quand l'espace militant devient aussi un champ de tension

On aime à répéter que nous, les femmes noires, nous sommes fortes, solidaires, impossibles à diviser.

C'est beau sur une affiche. C'est galvanisant en réunion. Mais la réalité est moins reluisante : <<même dans nos espaces de lutte, la sororité ne tombe pas du ciel.>>

Elle se heurte aux égos, aux comparaisons, aux blessures mal digérées et aux schémas qu'on a intériorisés bien avant de se lever pour

« combattre le système ».

✦ **La violence douce des non-dits :**
Dans les espaces militants, où nos identités sont censées être affirmées et protégées, il arrive que la rivalité s'infiltre. Que la jalousie, les tensions, les non-dits viennent grignoter cette unité si précieuse. Une parole coupée, un regard en coin, un projet récupéré sans crédit, une critique déguisée en « remise en question stratégique ». Derrière les discours d'empowerment, il y a aussi la fatigue des comparaisons constantes.

Et tout ça se fait dans une ambiance où personne n'ose dire : « *j'ai mal* », « *je me sens effacée* », « *je me sens trahie* ». Parce qu'il faudrait être forte. Ne pas « fragiliser le groupe ». Ne pas « faire le jeu de l'ennemi ».

La sociologue **Patricia Hill Collins,**

dans *Black Feminist Thought* (2000), le nomme clairement :

> « *Les femmes noires sont souvent prises dans une double injonction : elles doivent se montrer solidaires, mais cette solidarité est toujours conditionnée à leur silence sur les violences internes qu'elles subissent.* »

C'est ici que s'enracine **l'Offrosorisme** : ce concept que je forge pour décrire cette logique sacrificielle où la femme noire, même entre femmes, se sent obligée d'endosser la douleur en silence.

✦ **La sororicide douce** en est une expression : cette manière de se blesser entre sœurs sans bruit, sans confrontation directe, par omission, par regard fuyant, par soutien détourné. Une guerre froide entre femmes, alimentée par la peur de ne pas exister dans un monde qui nous dit qu'il n'y a qu'une seule place.

Mais cette guerre n'est pas née de nous. Elle a été apprise, transmise, entretenue. Pendant l'esclavage, les femmes noires ont été dressées les unes contre les autres surveiller, rapporter, se disputer les miettes d'humanité qu'on voulait bien leur accorder. À l'époque coloniale, la hiérarchie des couleurs et des corps a exacerbé cette rivalité : plus claire, plus proche de la maison, plus digne d'attention. Plus foncée, plus exposée, plus sacrifiable. Ces logiques ne sont pas mortes ; elles coulent encore dans nos veines relationnelles, et s'invitent dans nos amitiés, nos cercles militants, nos amours.

bell hooks l'écrit sans détour dans *Sisters of the Yam* (1993):

« *La rivalité entre*

femmes noires est un héritage. Une stratégie de contrôle. Si nous sommes occupées à nous méfier les unes des autres, nous ne remettons pas en question ce qui nous écrase toutes. »

L'Offrosorisme éclaire cette mécanique. Quand les femmes noires apprennent à se sacrifier pour la cause, pour la famille, pour l'homme, elles intériorisent aussi l'idée que leur douleur est secondaire. Mais ce sacrifice permanent, quand il n'est pas reconnu, se transforme en rancune, en comparaison, en jalousie latente. **On regarde l'autre sœur qui ose dire « non » et on la juge. On observe celle qui refuse de porter le poids des autres et on la condamne.** L'Offrosorisme ne crée pas seulement de la fatigue : il nourrit la

sororicide douce, cette guerre silencieuse entre femmes qui se repro-
chent mutuellement de ne pas s'effacer « assez ». Ainsi, le système
réussit son coup : au lieu de diriger
notre colère contre ce qui nous
écrase, nous la retournons contre
nos semblables.

Ce chapitre ne cherche pas à accuser, mais à comprendre. Comprendre
pourquoi, malgré l'amour, malgré les
combats partagés, parfois nous nous
blessons. Comprendre pourquoi nos
solidarités, pourtant vitales, sont
fragiles, écorchées par des siècles
de manipulation et de pénurie symbolique. Comprendre enfin que la
guérison ne viendra pas du déni, mais
d'une lucidité radicale : nommer ces
fractures, les regarder en face,
pour commencer à les panser ensemble.

✦ **Le colorisme : hiérarchie de**

peaux, hiérarchie de vies

Le colorisme est l'une des blessures les plus insidieuses qui traversent nos relations entre femmes noires. Héritage direct de l'esclavage et de la colonisation, il continue de classer nos peaux, nos visages, nos cheveux, nos vies, dans une hiérarchie qui n'a jamais été la nôtre. Celles qui portent une peau plus claire héritent souvent, malgré elles, d'une visibilité ou d'une validation sociale que l'on refuse aux autres. Celles qui portent une peau plus foncée sont assignées à la marge, jugées moins désirables, moins « présentables », plus exposées à la brutalité et à l'effacement.

Cette logique coloniale infiltre encore nos amitiés, nos familles, nos milieux militants. Elle transforme les sœurs en rivales, pas parce qu'elles le veulent, mais parce qu'un système a fabriqué la rareté de la reconnaissance.

L'autrice **jamaïcaine Michelle Cliff** rappelait déjà que :

> *« La colonisation a bâti des cloisons dans nos esprits : couleur contre couleur, femme contre femme. Le colorisme n'est pas une préférence. C'est une arme. »* If I Could Write This in Fire (1993)

Et **Awa Thiam**, dans *La Parole aux négresses* (1978), insistait :

> *« Le racisme a trouvé un allié dans le sexisme, et le sexisme un allié dans le colorisme. Tous ensemble, ils divisent les femmes noires et brisent les solidarités naturelles. »*

Le colorisme est donc une autre face de l'Offrosorisme : il sacrifie la possibilité d'une sororité pleine au profit d'une hiérarchie coloniale. On demande aux plus foncées de porter la charge de l'invisibilité, aux plus claires celle de la suspicion. **Personne ne gagne. Tout le monde perd.**

Tant que nous ne nommerons pas cette fracture, nous continuerons à rejouer une pièce écrite par le colon : rivalité, jalousie, rancune. Reconnaître le colorisme, ce n'est pas diviser. C'est reprendre la main sur nos relations, pour qu'aucune peau ne devienne le champ de bataille d'un système qui nous a toutes blessées.

✦ **Témoignage anonyme – Cercle T.A.B.O.U., 2022**

« J'ai grandi avec la phrase : « Toi,

*tu es jolie parce que tu es claire. »
Je ne savais pas quoi répondre, je
me sentais coupable. Comme si ma
peau volait quelque chose à mes
sœurs. Et quand l'une d'elles m'a dit
un jour : « Toi, de toute façon, tu as
la vie facile », j'ai eu envie de hurler.
Parce que facile, ça ne l'était pas.
Moi aussi, j'étais abîmée par ce clas-
sement. Moi aussi, je voulais juste
être une femme noire, sans note,
sans comparaison. »* ✦ **La compétition pour la respectabilité : Carter
G. Woodson,** père de l'histoire
noire, l'a démontré :

« Quand on forme une
élite, on crée un mur
entre celles et ceux qui
accèdent aux outils de
reconnaissance et ceux
qu'on laisse dans l'ombre.
» The Mis-Education of the Negro (1933)

Dans nos espaces militants, cela se rejoue : il y a celles qu'on juge « légitimes » pour parler, écrire, prendre la parole dans les médias.

Et celles qu'on regarde comme « trop radicales », « pas assez claires », « trop affectives ».

Résultat : une solidarité de surface, où l'on sourit, mais où l'on se juge en coulisses.

La psychologue **Thema Bryant-Davis,** spécialiste du trauma racial, insiste dans Thriving in the Wake of Trauma (2015) :

> « La comparaison est une arme héritée. Une arme qui vise la tête de celle qui nous ressemble le plus, parce qu'on nous a appris qu'il n'y a pas assez de place pour nous toutes. »

Et dans cette rivalité, parfois muette, parfois complice d'un pouvoir masculin que l'on redoute de contrarier, l'Offrosorisme agit en silence. La douleur n'est pas seulement infligée par l'extérieur : elle circule entre nous, dans des gestes qui semblent banals, mais qui nourrissent l'isolement. La *sororicide douce*, ce n'est pas la trahison déclarée, c'est la blessure non assumée.

✦ ***Les blessures générationnelles :*** Autre ligne de fracture : le clivage entre générations.

Les jeunes militantes qu'on accuse de ne pas connaître leurs « ancêtres », et les anciennes qu'on relègue comme « démodées ». Mais en vérité, ce sont deux douleurs qui s'affrontent : l'angoisse de disparaître pour les unes, la peur de ne jamais exister pleinement pour les autres.

Ce conflit est aussi un héritage de

l'histoire. Pendant l'esclavage comme durant la colonisation, les femmes noires ont été empêchées de transmettre leurs savoirs librement : leurs récits étaient effacés, leurs mémoires jugées illégitimes, leurs pratiques spirituelles criminalisées. La fracture générationnelle que nous vivons aujourd'hui porte encore cette cicatrice : une mémoire coupée, un fil de transmission endommagé. Les plus âgées portent souvent le poids du « trop donné » et du « pas reconnu ». Les plus jeunes portent celui du « pas assez » et du « pas encore ». Psychologiquement, cela se traduit dans les corps : les aînées se sentent usées, fatiguées d'avoir tant sacrifié sans reconnaissance, avec parfois une colère rentrée contre celles qui arrivent plus tard. Les cadettes, elles, portent une tension inverse : le besoin d'exister vite, fort, quitte à défier ou ignorer les anciennes, comme pour arracher un espace vital qui semble toujours refusé.

La chercheuse **Moya Bailey**, qui a théorisé la misogynoir, parle de cela dans Misogynoir Transformed (2021) :

> « Le mythe de la sororité parfaite empêche souvent les femmes noires de voir les dynamiques de pouvoir qui les traversent : âge, classe, visibilité, langage. C'est en acceptant ces tensions qu'on peut les désamorcer. »

Et justement, **l'Offrosorisme opère ici aussi** : il pousse certaines femmes à s'effacer pour laisser vivre l'autre, comme si l'amour entre nous passait nécessairement par le sacrifice. D'autres, au contraire, s'imposent avec une dureté héritée, persuadées qu'il faut occuper la place de force, sans quoi elles seront balayées. Dans les deux cas, c'est une stratégie de survie devenue réflexe, mais une stratégie qui nous coûte notre lien, qui transforme la transmission en rivalité et la mémoire en tension.

Guérir ces blessures générationnelles, c'est refuser de rejouer le scénario colonial qui a toujours mis les femmes noires en compétition, entre vieilles et jeunes, entre valables et inutiles. C'est renouer le fil de la transmission, reconnaître la valeur de l'expérience sans étouffer l'élan de la nouveauté. Car l'histoire de nos luttes à besoin des deux : la mémoire de celles qui savent, et l'audace de celles qui arrivent.

✦ *Et pourtant… guérir entre nous est la clé :* On pourrait se dire : à quoi bon ? Pourquoi même espérer la sororité ?

Mais comme le disait déjà bell hooks :

> « Nous ne pouvons pas être libres si nous ne sommes pas capables de regarder nos contradictions en face. L'amour entre femmes noires doit être une pratique consciente, pas un slogan vide. » Sisters of the Yam (1993)

C'est cette lucidité qu'il faut cultiver.

Non pas pour se haïr, ni pour se juger encore plus durement, mais pour comprendre *qu'il n'y a pas de soin collectif sans soin entre nous.* Parce que si nous ne guérissons pas entre nous, qui le fera ?

✦ **Témoignage anonyme – Cercle T.A.B.O.U.**

« J'ai rejoint un collectif afro sur les réseaux parce que je croyais à la sororité. On partageait nos lectures, nos stratégies, nos blessures. Au début, c'était beau. Chacune disait « ma sœur », « ma guerrière, ma reine ». On s'envoyait de la force, des cœurs sous chaque post. Mais dès que j'ai commencé à parler un peu plus fort, à déranger certains hommes surtout ceux qui jouaient les militants pharaons ça a changé.

Il y a eu des messes basses, des rires dans mon dos, des Screenshot dans des groupes privés. Des petites piques publiques, déguisées en « remarques constructives ». Et puis ces femmes qui défendaient ouvertement des gars qui m'humiliaient. Elles disaient : « Faut pas faire de vague », « Tu es trop radicale », « Tu cherches le clash ». Un jour, j'ai lu mon nom dans un thread de moqueries, tenu par un homme misogyne que je dénonçais. Elles likaient. Elles ajoutaient des emojis rieurs. C'est ça la réalité qu'on ne dit pas assez : la rivalité entre femmes, c'est aussi la peur de perdre la validation masculine, même quand ces hommes sont toxiques.

J'ai compris qu'on pouvait se dire ma sœur le matin et participer à ton dénigrement le soir. J'ai compris que la sororité, c'est une pratique. Pas un hashtag. »

✦ *Mini conclusion* : Ce qu'il faut comprendre, ce n'est pas que nous serions naturellement incapables de nous soutenir.

C'est qu'on ne nous a jamais appris à le faire sans conditions, sans hiérarchies invisibles, sans arrière-pensées. On nous a dressées à croire qu'il n'y avait qu'une seule place pour briller. Et quand cette place est occupée, on se bat pour exister autrement parfois en blessant l'autre. Mais refuser de voir cette blessure, c'est la laisser pourrir. L'Offrosorisme est aussi cette érosion lente de nos liens sororaux. Un mécanisme hérité, enraciné, mais pas inévitable.

La sororité n'est pas une incantation magique. C'est un travail. Une pratique. Une exigence. Et parfois, un deuil de nos réflexes de compétition. Guérir entre femmes noires, c'est accepter de poser la question : « Comment ai-je pu participer à la douleur d'une sœur ? Et comment puis-je faire mieux ? »

« M'Bleue, parce que la douleur a ses nuances.
Tabou, parce que la parole est une révolution. »

*2. Le poids de la comparaison, du juge-
ment, et de l'injonction à « être la
bonne militante » de la féministe.*

On ne naît pas rivales. On le devient,
à force d'entendre du système capitaliste et patriarcal qu'il n'y aura
qu'une seule chaise à notre table.

Et qu'il faudra être la « meilleure
version » de nous-mêmes pour s'y as-
seoir. Cette logique est partout.
Dans les collectifs militants, sur les
réseaux, dans les cercles associatifs, jusque dans nos conversations
intimes.

Il y a toujours cette idée, insidieuse,
qu'il n'y aurait qu'une seule place à
occuper : la plus visible, la plus légitime, la plus respectable . Qui parle
le mieux ? Qui est la plus « consciente » ? Qui a les bons mots ? Le
bon look ? Le bon ton ?

La psychologue Thema Bryant-Davis l'explique :

> « La performance, quand elle devient une condition de l'acceptation, est une autre forme de violence. Elle nous oblige à jouer des rôles, à étouffer nos nuances. » *Thriving in the Wake of Trauma* (2015)

✦ Le syndrome de la « bonne militante » : Dans ces espaces, on veut toutes être irréprochables. On se juge, on se note mentalement.

Celle qui ose dire qu'elle est fatiguée ? Trop fragile.

Celle qui n'a pas lu les bons textes ? Pas légitime.

Celle qui s'exprime mal ? Pas crédible.

Patricia Hill Collins l'écrit :

« *Cette logique de respectabilité hiérarchise les voix des femmes noires, selon leur conformité aux attentes éducatives, linguistiques, esthétiques du groupe dominant ou du groupe militant lui-même.* » Black Feminist Thought (2000)

Et là, le sarcasme devient utile : c'est presque comique, non ?

Nous sommes censées dénoncer l'oppression dehors, mais on applique les mêmes critères de « pureté » ou de « respectabilité » dedans.

Parfois même plus sévèrement. Comme si la douleur ne nous autorisait pas à être imparfaites.

Et si tu dévies, si tu es trop sensible, trop spirituelle, trop dure, trop douce… tu es hors-jeu. Tu es jugée, discréditée, voire exclue.

100

Cette pression à être « exemplaire » est profondément violente. Elle réduit nos subjectivités à une case politique, et elle fabrique des murs entre nous. Elle empêche l'authenticité. Elle crée des malentendus, des colères rentrées, et une fatigue collective.

Angela Davis, dans une conférence en 2015 à Paris, insistait sur cette vigilance :

> « Nous devons faire attention à ce que notre engagement ne devienne pas un autre lieu de violence, où l'on reproduit les hiérarchies que l'on prétend combattre. »

✦ **Quand on se jauge, le système se frotte les mains :** Ce n'est pas un hasard.

C'est une stratégie du système.

Comme le rappelait **Carter G. Woodson**, The Mis-Education of the Negro (1933) :

> « Celui qui contrôle l'image que le Noir se fait de lui-même n'a même plus besoin de chaînes visibles. Il suffit que le Noir s'auto-sur-veille et surveille les autres. »

Quand nous passons des heures à nous jauger, nous ne remettons plus en question ce qui nous écrase toutes.

Quand nous débattons pour savoir laquelle est "trop radicale" ou "pas assez", le patriarcat et le racisme se consolident.

✦ **Et au milieu : la comparaison si-lencieuse** : Sur les réseaux, c'est encore plus cruel.

Celle qui fait des vues est vue comme « complice » du système.

Celle qui reste invisible est soupçonnée d'être « incompétente. »

Celle qui est « trop belle » dérange. Celle qui est « trop ordinaire » est effacée.

Tout devient prétexte pour évaluer, trier, classer. Et pourtant...

bell hooks nous le rappelait :

> « Ce ne sont pas nos différences qui nous divisent. C'est l'incapacité à les célébrer sans les hiérarchiser. » *Sisters of the Yam* (1993)

✦ Témoignage Tabou M'Bleue – Cercle T.A.B.O.U. Live TikTok

Une fois, j'ai pris la parole sur Tik-Tok, en live. Je parlais de l'hypocrisie de certains hommes soi-disant « conscients », ceux qui prê-chent la libération mais reproduisent les pires dominations. Au début, les commentaires disaient :

« Oui, ma sœur, courage. »

« Pale, nou tande w. »

Et puis ça a dérapé.

Des femmes, oui, **des femmes noires**, se sont mises à rire avec les mecs qui squattaient le live. À faire chœur avec eux. À faire foule contre moi.

« Elle veut son bangala, voilà tout. »

« Se grangou k ap fè l pale. »

« C'est juste une frustrée, mal bai-sée. »

« Se fanm goumin, apre sa yo rele tèt yo révolutionnaires. »

On m'a traitée de « féministe ratée », de « mal baisée », de « femme trop laide pour trouver un mari donc elle pleure sur les réseaux ».

Et ces insultes venaient autant des bouches masculines que féminines.

Gason. Fanm. Menm chœur. Menm mépris.

Ce jour-là, j'ai compris qu'entre nous aussi, **la phallocratie a ses petites mains**. Epi yo konn souri pandan y ap frape.

Il suffit de dire trop fort ce qu'on a sur le cœur pour qu'on te renvoie à ton Yoni « utérus », à ton « manque », à ta soi-disant frustration.

« Fanm sa a pa fin. »

« Li manke gason. »

J'ai fermé le live. Le ventre retourné. Kè m te lou.

Mais j'ai su aussi qu'on ne pouvait pas se contenter de faire semblant. **Nou pa ka fè kòm si.**

On doit pouvoir se parler. Et surtout, **nommer**.

Nommer la rivalité. Nommer le sexisme intériorisé. Nommer la complicité silencieuse. Parce que sinon, **nou vin pwòp jandam pa nou**. Nos propres geôlières.

Ce que j'ai voulu nommer **Offrosorisme**, c'est aussi ça : cette tension permanente entre l'aspiration à la sororité et les mécanismes de sacrifice silencieux qui nous étouffent.

Être « la bonne militante ». « La bonne sœur ». « La femme noire irréprochable ».

Se yon prizon an lò. Une prison dorée. Qu'on accepte souvent de l'intérieur. Par loyauté. Par peur de trahir le collectif. Par peur de ne plus être aimée.

Pa pèdi plas ou. Pa fè dezòd.

Et parfois, dans cette quête de conformité, on devient violente sans le vouloir.

On blesse une sœur qui sort du

cadre. On la raille. On la juge. On la renvoie à sa solitude.

« Li twòp. »

« Li pa nan lespri a. »

C'est ce que j'appelle **la sororicide douce** : cette manière d'éteindre l'autre sans même hausser la voix. Un sabotage affectif, poli, militant, mais qui fait mal.

Ki fè plis mal pase kout pwen.

L'Offrosorisme, c'est le nom d'un piège subtil : celui où l'on croit qu'il faut être l'offrande pour être aimée, et parfois l'officiante du sacrifice des autres pour rester légitime.

Bay kò w. Bay vwa w. Bay silans lòt la.

Et appeler ça engagement.

✦ *Mini conclusion* : Il ne s'agit pas ici d'appeler à une solidarité naïve. Les conflits existent. Mais le défi, c'est de ne pas laisser ces tensions devenir le cœur de nos relations. Ce n'est pas « la nature » qui nous divise. Ce sont les structures sociales. Le patriarcat et le racisme se nourrissent de cette compétition. Car pendant qu'on se jauge, on ne s'écoute pas. Pendant qu'on se juge, on ne se soutient plus.

3. Ce que le système y gagne, ce que nous y perdons

On nous vend la rivalité comme un défaut « typique » de femmes noires.

Les « drama queens ». Les « toujours à se tirer dans les pattes ».

On dirait presque une blague raciste recyclée : *« Elles sont impossibles à gérer entre elles. »*

Sauf qu'on oublie de dire **qui y gagne**, à ce petit jeu.

Parce que pendant qu'on se compare, qu'on s'ignore, qu'on s'épie... devine quoi ?

Ceux qui vivent très bien, ce sont ceux qui profitent de notre énergie dispersée. C'est le fruit d'une organisation sociale **qui prospère sur notre désunion.**

✦ Diviser pour mieux régner : un art ancien

Depuis la traite et la colonisation, le colorisme, la respectabilité, la hiérarchisation des rôles féminins ont été **des armes très pratiques.**

Audre Lorde (*Sister Outsider*, 1984) disait déjà :

> *« Les outils du maître ne démoliront jamais la maison du maître. »*

Et quels sont ces outils ?

La jalousie entretenue. La comparaison qui fait oublier l'injustice structurelle. La course à la respectabilité pour avoir l'impression d'être « la bonne noire », celle qu'on ne touchera pas. Le petit trône minuscule qu'on se dispute à cinq pendant que le patriarcat s'étale sur des kilomètres.

Carter G. Woodson, dans *The Mis-Education of the Negro* (1933), l'avait déjà écrit:

> *« Si tu peux contrôler ce qu'un homme pense, tu n'as pas besoin de te soucier de ce qu'il fait. »*

Aujourd'hui, ce contrôle passe par la mise en compétition permanente même dans nos cercles dits « safe ». On devient nos propres surveillantes. Et ça, c'est du pain bénit pour ceux qui veulent nous voir épuisées.

✦ Quand on fait le boulot à leur place

Moya Bailey, dans *Misogynoir*

Transformed (2021), appelle ça **une police interne** :

> « *Quand nous polissons nos identités pour être acceptées, et que nous polissons celles des autres femmes noires pour qu'elles ne dépassent pas, nous faisons le travail de contrôle racial et sexuel pour ceux qui nous surveillent.* »

bell hooks le dit encore plus clairement :

> « *Le patriarcat blanc a compris très tôt qu'il était plus facile de gouverner des femmes noires désunies que des femmes noires soudées.*
> » *Sisters of the Yam* (1993)

Pendant l'esclavage, on séparait les

femmes dans les plantations, on encourageait les rumeurs, on valorisait les « bonnes » contre les « insoumises ».

Aujourd'hui, c'est la même logique, version 2.0.

On devient parfois **les hérauts de la surveillance** :

- Celle qui rappelle « Tu ne devrais pas dire ça, ça va diviser » alors qu'on parle de violences internes.

- Celle qui « balance » pour un like ou un retweet.

- Celle qui se réjouit qu'une autre se fasse humilier publiquement parce que « ça lui apprendra ».

Et pendant ce temps ?

Le racisme systémique, lui, ne perd pas une miette. Il se renforce, discrètement, pendant qu'on se gifle sur la dernière embrouille TikTok.

✦ On y laisse notre force, notre souffle, notre amour

Bell hooks encore (oui, on la cite beaucoup, mais comment faire autrement ?), dans *Sisters of the Yam* :

> « *Quand nous laissons la peur de nos différences miner nos relations, nous alimentons la machine qui nous broie.* »

Et **Patricia Hill** Collins renchérit dans *Black Feminist Thought* :

> « *La solidarité n'est pas un luxe : c'est un outil de survie. Refuser d'y travailler, c'est refuser de survivre pleinement.* »

Plus on se divise, plus *le système respire tranquille*.

En bref, ce que nous perdons est énorme.

Nous perdons l'espace où poser nos blessures sans peur.

Nous perdons la confiance nécessaire pour tenir ensemble.

Nous perdons la force collective que la sororité vraie peut créer une force qui effraie justement ce système.

Quand on se blesse, on nourrit ce qu'on combat.

La sociologue **Patricia Hill Collins** le résume parfaitement :

> *« Quand nous acceptons la division comme normale, nous perdons le potentiel révolutionnaire de notre amour et de notre alliance. »* Black Feminist.

114

✦ **Un exemple, tellement banal que ça pique**

« J'ai déjà vu une meuf se faire canceller par un collectif pour une « erreur » « qu'un mec du même groupe avait faite dix fois pire mais lui, on l'a protégé, parce qu'il ne fallait pas « diviser les frères ».

J'ai vu des messages d'encouragement dans le dos, mais rien en public.

J'ai vu des sœurs se réjouir qu'une autre se prenne un « exposé » salace sur Tik Tok, parce que « elle l'avait bien cherché ».

Je me dis souvent que si le système avait une carte de fidélité, il nous offrirait un bonus pour chaque micro-traîtrise. »

✦ **Encadré : Offrosorisme – Quand la division entre sœurs devient offrande sacrificielle**

L'**Offrosorisme** désigne ce mécanisme insidieux par lequel les
femmes noires, élevées dans l'idée
que leur loyauté doit être sans faille,
finissent par offrir leur lien sororal
sur l'autel d'une cause plus grande ou
du moins présentée comme telle.

C'est une forme de **sororicide douce**,
silencieux, dans lequel on blesse
l'autre non pas par haine, mais par
réflexe : pour rester « la bonne »,
pour ne pas être exclue du groupe,
pour continuer à exister dans un système qui valorise l'effacement féminin.

Ce n'est pas une simple rivalité. C'est
une logique sacrificielle intériorisée,
où l'autre sœur devient la variable
d'ajustement de notre propre survie
dans l'arène politique.

Et tant qu'on ne nomme pas cette logique, on la reproduit.

✦ **Mini conclusion** : Donc non. La rivalité ne sort pas du néant. Elle est cultivée, encouragée, raffinée par le patriarcat et le racisme.

Pendant qu'on se crache dessus pour trois miettes de validation, ils se partagent le gâteau. Et si ça te fait rire (bleue), tant mieux :

Le sarcasme, parfois, c'est notre première arme pour dire :

« On a compris le jeu. Maintenant on le quitte. »

4. Survivre sans se déchirer : comment réparer, comment rester

Après tout ce qu'on vient de nommer les tensions, les jugements, les blessures, les complicités toxiques on pourrait être tentées de tout laisser tomber.

Se dire : « *Tant pis pour la sororité.*

Je fais mon truc seule. Moins de dé-
ceptions, moins de trahisons. »

C'est compréhensible.

Mais ce serait offrir au système ce qu'il espère : **notre isolement.** Car si nous sommes seules, nous sommes vulnérables.

Mais ensemble, même cabossées, nous pouvons devenir un foyer. Un abri.

Alors, comment faire ? Comment tenir ensemble, malgré les tensions ?

La réponse tient peut-être en trois mots : **parole, écoute, patience.**

Créer des espaces où l'on peut parler de nos jalousies, de nos blessures, sans honte. Dire quand on se sent mise de côté, dire « j'ai mal », « tu m'as blessée », « j'ai eu peur de toi », sans que cela se transforme en ex-communication. Reconnaître quand on a mal agi. Apprendre à s'excuser. Apprendre à pardonner. Sortir du silence.

Car oui, la violence entre femmes noires existe. Mais elle ne doit plus être un **TABOU**. La briser, c'est déjà la désarmer.

✦ **Témoignage cercle T.A.B.O.U :** *Léila*, 34 ans, militante afro-descendante

« J'ai vécu un rejet très dur de la part de femmes que j'admirais. J'ai cru que je n'étais pas « assez bien » pour le mouvement. Mais en fait, elles aussi étaient fatiguées, blessées. On s'est revues un an plus tard. On a pleuré. Et on a recommencé à se parler. C'est ça, guérir : pas être parfaite, mais vouloir rester. »

La psychologue **Thema Bryant-Davis** (*Thriving in the Wake of Trauma,*

2015) insiste :

> *« La vérité est doulou-*
> *reuse, mais le mensonge*
> *tue lentement. »*

Dire, ce n'est pas tout balancer violemment sur la place publique. C'est
créer des cercles, des temps
d'écoute, où la parole peut être ru-
gueuse, maladroite mais où elle ne
sera pas retournée comme une arme.

Ce chapitre est une invitation.

À regarder en face nos contradictions, nos tensions.

À ne pas les ignorer, mais à les traverser.

À comprendre que notre solidarité
doit être vivante, pas figée.

Elle doit pouvoir trembler, pour
mieux tenir.

Nous avons le droit de nous fâcher.

Mais aussi le devoir de ne pas nous perdre.

✦ Apprendre à demander pardon (et à recevoir l'excuse)

On parle souvent de la justice trans-formative pour les violences graves, mais pour nos blessures intimes aussi, ça compte. Apprendre à dire : *« Je reconnais que j'ai participé à ta douleur. »*

Et apprendre à entendre : *« Je suis désolée. »*

Audre Lorde, (*Sister Outsider*, 1984) encore et toujours :

> *« Sans pardon, il n'y a pas de futur pour nous. »*

✦ Des espaces pour trembler, pas pour performer

Guérir entre sœurs noires, ça ne se fait pas en public pour du spectacle, ça se fait souvent hors des regards, loin des likes, dans la lenteur, l'inconfort. Des cercles de parole, des retraites, des après-midis où on pleure plus qu'on parle.

bell hooks le dit:

> *« L'amour authentique est un espace où chacun peut trembler sans craindre d'être abandonné. »* All About Love (2000)

✦ Rester, même quand c'est fragile

Oui, parfois, on s'éloigne. On se trahit. On se blesse.

Mais rester ne veut pas dire tout tolérer.

Rester, c'est être capable de revenir.

De se dire : *« On a été manipulées*

pour nous diviser. On peut choisir de se retrouver. »

C'est peut-être ça, la **sororité radicale** :

Pas l'absence de conflit.

Mais la capacité à traverser le conflit **sans nous perdre**.

✦ Témoignage anonyme – Cercle T.A.B.O.U.

« Je me souviens d'un cercle où on a parlé de jalousie. On n'a pas dit que c'était interdit. On a dit que c'était humain.

On a pleuré de honte, puis on a ri.

À la fin, on s'est prises dans les bras comme si on savait que c'était le seul endroit où personne ne nous jugerait pour nos fissures.

Je me suis dit : c'est ça que je veux.

Pas des « sœurs » de façade. Des femmes qui restent, même quand c'est moche. »

✦ **Mini conclusion :** Se soigner entre nous, ça ne sera jamais simple. Mais si on ne le fait pas, on perpétue ce qu'on déteste.

Rester, c'est choisir de ne pas être les prolongements du système qui nous divise.

Et ça, c'est déjà une victoire.

Refuser l'Offrosorisme, ici, c'est ça : C'est refuser de sacrifier la relation, la confiance, la réparation, pour garder un masque de perfection ou une posture politique vide.

C'est dire : « Je reste. Je parle. Je demande pardon. Je recommence. »

C'est créer une sororité qui *guérit*, pas qui exige des offrandes silencieuses sur l'autel du collectif.

Et si ça tremble ?

C'est que c'est vivant.

5. *Cultiver une sororité radicale*

On l'a dit, redit, et on le redira encore : **la sororité n'est pas un hashtag qu'on balance pour faire joli sous un post Insta, Tik Tok, Twitter etc...**

C'est une prière. Un pacte. Un talisman. Un antidote à l'épuisement.

Et soyons claires : **une sororité qui ne fait pas mal de temps en temps, c'est qu'elle est superficielle.**

C'est aussi reconnaître les dynamiques de pouvoir entre nous : âge, classe sociale, visibilité, couleur de peau, orientation sexuelle, validisme. La vraie solidarité, c'est celle qui tient compte de toutes nos positions.

Et qui ne se satisfait pas de discours creux.

Moya Bailey, dans son concept de **misogynoir**, souligne à quel point les femmes noires sont attaquées de manière spécifique, dans leur genre et dans leur race. Mais ce qu'on oublie parfois, c'est que cette violence, on peut aussi la retourner entre nous.

Sortir de ce cercle, c'est une lutte. Mais une lutte d'amour.

Comme le dit **Assa Traoré** :

> « On ne pourra pas tout porter seules. Alors, on doit apprendre à se porter entre nous. »

✦ **La radicalité, ce n'est pas jouer à l'union parfaite**

On veut souvent nous vendre une sororité « bisounours », « peace & love

», où tout le monde se tient la main sans jamais s'engueuler. On poste des photos de cercles avec des bougies, on dit « *Ma sœur, ma reine, ma guerrière* » ...

Spoiler : ça n'existe pas.

 Dès que ça pète, tout s'effondre comme un château de sable.

Parce que la vérité, c'est qu'aucune union n'est parfaite et qu'elle ne le sera jamais. Et devine quoi ? **C'est tant mieux.** Une sororité vraiment radicale, ce n'est pas celle qui nie les désaccords, les tensions, les jalousies, les blessures.

C'est celle qui dit : « *On ne va pas faire semblant. On va rester, même quand ça grince.* »

bell hooks l'écrivait déjà :

> « *Aimer, c'est choisir la justice, encore et*

encore. Même quand ça blesse notre ego, même quand ça exige de tout recommencer. » *All About Love* (2000)

La radicalité, c'est de tenir ensemble **même quand nos blessures cognent.**

C'est de dire : « *Tu m'as trahie, mais je ne veux pas que ça nous tue.* »

C'est de prendre soin de la vérité, pas du vernis.

✦ ***S'il n'y a jamais de conflit, c'est qu'il n'y a pas de vie*** : On oublie trop souvent que le conflit, c'est aussi une preuve que les liens existent. Que quelque chose compte assez pour qu'on se batte pour le garder en vie.

C'est ça, la radicalité : accepter que parfois, on sera la cause de la douleur de l'autre et que l'autre sera aussi la nôtre.

La militante **June Jordan** disait :

> « *Nous sommes les con-*
> *tradictions de ce monde.*
> *Mais nous sommes aussi*
> *la force qui les transfor-*
> *mera.* »

Alors non, pas question de jouer à la famille parfaite sous prétexte d'être des « reines ».

Si tu veux qu'on t'admire sans jamais te dire que tu as tort, **tu veux une fanbase pas une sororité.**

✦ *De l'amour rugueux, du soin in-confortable* : Parfois, ça ressemblera à des engueulades.

À des départs, des retours.

À des silences, des relectures de messages qu'on n'ose pas envoyer.

Mais la différence, **c'est qu'on reste. Ou qu'on revient.**

On ne se jette pas en pâture au système parce qu'on a eu mal.

Et pour ça, il faut du courage.

Il faut un amour rugueux, un soin qui gratte parfois comme un gant de crin.

✦ *Une radicalité qui ne s'excuse pas d'être vivante* : C'est ça, notre vraie force : une union **pas « propre », pas « instagrammable », mais vivante.**

Une sororité qui a des bleus, des cicatrices, des disputes et des pardons.

Une sororité qui ne fait pas semblant de tout lisser.

Parce que la perfection est un **mythe colonial.**

Et que nous, on n'est pas là pour être polies.

On est là pour tenir ensemble

cabossées, mais debout.

✦ **Refuser de reproduire la hiérarchie coloniale, même entre nous
:** On ne peut pas cultiver une sororité radicale sans admettre nos
angles morts :

- ✦ *Le colorisme* toujours planqué
  sous nos compliments.

- ✦ *La fétichisation* des cheveux,
  du corps, de la « *féminité respectable* ».

- ✦ *Les différences de classe,
  d'âge, de validisme,* qu'on efface trop facilement.

Moya Bailey, encore elle :

> *« La solidarité entre
> femmes noires doit être
> vigilante. Sans ça, elle
> devient une copie édulco-
> rée du système qu'elle
> prétend abolir. »* Misogy-
> noir Transformed (2021)

131

Bref : pas de sororité radicale sans critique radicale.

✦ **L'humour comme bouclier (et sabre)** : Et puis oui, soyons drôles, aussi.

Parce que si on doit guérir ensemble en faisant la gueule, franchement, autant rester chez soi.

L'humour, **c'est la preuve qu'on ne nous a pas volé notre joie.**

Une sororité qui sait rire de ses contradictions, c'est une sororité qui peut survivre à tout.

Audre Lorde,

> *« L'humour est une arme de résistance. Quand nous rions, nous dégonflons la peur. »* Sister Outsider (1984)

Alors **rions de nous-mêmes**. De nos égos, de nos malentendus. Et **rions**

du système qui pensait qu'il nous aurait pour toujours.

✦ **La spiritualité comme ciment :**
Et il y a ce qu'on ne voit pas.

Les liens invisibles. Les prières murmurées pour une sœur qu'on ne connaît même pas.

Le respect des ancêtres, des lignées de femmes avant nous, celles qui ont aimé, protégé, et parfois blessé mais qui nous ont quand même légué **la rage de vivre.**

Claudine Michel, grande voix haïtienne, l'a si bien formulé :

> *« Nous sommes des*
> *corps, mais aussi des fils.*
> *Et ces fils ne se cassent*
> *jamais vraiment. »*

Une sororité radicale est aussi une sororité spirituelle : pas une religion, **mais une pratique du soin.**

Un soin qu'on se doit mutuellement,
même de loin.

✦ Et si c'était ça, T.A.B.O.U ?

Une **Table Afrodescendante de
Belles Oratrices Unies**, oui.

Mais aussi un engagement à dire ce
qu'on tait, à faire circuler la parole
là où elle est bloquée, à serrer fort
ce qui saigne au lieu de l'abandonner.

Tabou M'Bleue, c'est pas un pseudo
pour se cacher.

C'est un petit sort lancé à la peur de
dire nos vérités.

C'est un gant de velours autour
d'une main de fer.

**✦ Témoignage anonyme – Cercle
T.A.B.O.U. Une scène de guérison**

*« On était cinq autour d'une bougie,
un soir de pleine lune.*

On s'est raconté nos jalousies, nos coups bas, nos doutes.

On a avoué nos trahisons silencieuses, nos petites complicités avec le système.

On a ri de nos contradictions.

On a pleuré aussi.

Et puis, au milieu de tout ça, j'ai compris : c'est ça la vraie sororité.

Pas celle qui dit « on est fortes » pour la photo.

Celle qui dit : On est cabossées, et alors ? On reste. »

Conclusion : Cultiver une sororité radicale, c'est refuser d'être de simples slogans.

C'est choisir de rester, même quand c'est moche.

C'est guérir, sans mode d'emploi parfait.

C'est rire de nos failles, sans jamais les offrir en pâture au système.

Et si on doit saigner pour ça, **au moins que ce soit pour cicatriser. Ensemble.**

Car **l'Offrosorisme**, cette logique sacrificielle et parfois sororicide qui nous pousse à tout donner pour mériter l'amour ou la reconnaissance du collectif, ne se désarme que par un pacte de vérité et de vie.

Un pacte où aucune sœur ne sera sacrifiée au nom du groupe.

Où aucune blessure ne sera ignorée au nom de l'unité.

Où **la loyauté ne sera plus un piège, mais un refuge.**

Conclusion : Pacte d'ombres et de lumière : pour une sororité indocile

Alors voilà.

On aura tout dit, ou presque : qu'on se blesse, qu'on se jalouse, qu'on se juge.

Qu'on se compare dans des miroirs fêlés.

Qu'on aime dire « Ma sœur ! » mais qu'on oublie parfois ce que ça coûte d'en être une.

Et pourtant, ce que le système veut, **ce n'est pas juste qu'on se dé-teste.**

Ce qu'il veut, c'est qu'on se croit incapables de se réparer.

Alors, **qu'on lui gâche la fête.**

Qu'on lui montre qu'on peut être cabossées, jalouses, contradictoires et **quand même capables de rester.**

Parce qu'au fond, la vraie sororité radicale, **ce n'est pas de l'amour à la sauce Bisounours.**

C'est un **engagement féroce à ne pas laisser nos blessures devenir ses armes.**

C'est dire :

Oui, parfois je t'ai jugée.

Oui, parfois je t'ai enviée.

Oui, parfois j'ai ri de ta chute parce qu'elle me rassurait sur la mienne.

Mais je refuse de m'offrir en bouclier à ce système qui se régale de nos miettes.

Il y aura encore des clashes, bien sûr. Des silences. Des insultes qu'on écrira dans nos têtes.

Mais **si on s'autorise à rester après le bruit.** Si on s'autorise à demander pardon sans s'humilier. Si on se souvient que **sous nos étiquettes militantes, spirituelles ou « woke »,** on est surtout de la chair, de la mémoire et de la rage d'aimer **Alors on devient incassables**.

Que **la spiritualité nous aide**, mais pas pour nous endormir.

Qu'elle nous relie à nos mères, nos tantes, nos ancêtres, et qu'elle nous rappelle que **ce n'est pas nouveau, cette lutte** : Nos grand-mères l'ont menée sans cercles Instagram.

Elles ont tenu leurs sœurs dans la boue, dans les cuisines, dans les arrière-cours.

Et même quand elles se tiraient les cheveux, elles savaient encore se dire

« Je t'apporte de l'eau, je t'épargne un bout de silence, je te laisse un chant pour que tu ne te perdes pas. »

Tabou M'Bleue, c'est ça pour moi.

Ce n'est pas juste une table.

C'est **une promesse** : qu'on ne laisse

plus nos non-dits crever dans nos ventres.

Qu'on ne se serve plus en pâture pour trois likes et une tape sur la tête de l'oppresseur.

Alors on restera.

Pas parce qu'on est parfaites, mais **parce qu'on a décidé que la vérité vaut mieux qu'un vernis.**

Qu'on préférera toujours **une sœur blessante qui reste**, à une « reine » qui sourit pour la galerie pendant qu'elle **taille des couteaux derrière ton dos.**

Et surtout, on refusera **l'Offroso-risme.**

Ce piège colonial et patriarcal qui **nous fait croire qu'aimer nos sœurs, c'est se sacrifier pour elles.**

Qu'exister en collectif, c'est **s'user**

à petit feu en silence, pour mériter sa place.

Qu'une sororité « forte » se mesure à la capacité de s'effacer poliment, ou de poignarder discrètement.

Non.

On ne donnera plus notre sang pour qu'un lien tienne.

On survivra sans se déchirer.

On s'aimera sans s'idéaliser.

On guérira sans se polir pour être jolies.

Et qu'ils entendent bien ceci :

Quand des femmes noires se choisissent entre elles, **aucune blessure ne suffit à les rendre dociles.**

> *« Je vois tes blessures, je vois mes contradictions, et je refuse de jouer le jeu du système. » Tabou M'Bleue*

Chapitre 3 bis

Les violences cachées : abus, solidarité masculine toxique, traîtrise sororale

Dans nos espaces afrocentrés, spirituels, panafricains, certains hommes se présentent comme gardiens de Maât, protecteurs de la tradition, héritiers des ancêtres.
Mais derrière le discours sacré, une autre réalité se joue : celle d'une autorité masculine qui emprunte au symbolique pour masquer la domination.

Ce n'est pas Kemet le problème. Ce n'est pas la tradition. C'est l'usage patriarcal qu'on en fait.

Amos Wilson, dans Blueprint for Black Power (1998), parle de cette

violence masculine comme d'un prolongement du traumatisme colonial :

> « Un homme noir inca-
> pable de se libérer de la
> définition de virilité que
> lui a imposée l'oppres-
> seur devient une menace
> pour sa propre commu-
> nauté. »

Le danger ici est spécifique : la violence n'est pas brute.
Elle est spiritualisée.

On ne dit pas : « Je te contrôle. »
On dit : « Je te guide. »

On ne dit pas : « Je t'impose. »
On dit : « Je t'élève. »

L'autorité devient mystique. La domination devient cosmique.
La misogynie devient « complémenta-
rité sacrée ».

Et dans ces espaces, dénoncer

devient sacrilège.

Ce mécanisme est particulièrement dangereux parce qu'il mélange :

- virilité coloniale
- rhétorique ancestrale
- légitimité militante

Le résultat : une masculinité protégée par l'idéologie.

Ce qui suit n'est pas un cas isolé. C'est une mécanique. Je l'ai vécue, c'est mon histoire.

1.   La violence masculine déguisée en autorité kemite

✦ Isefet & Cri d'endormissante

Ils aiment parler de Maât, d'ordre cosmique, de vérité ancestrale.

Mais certains ne sont que Isefet le chaos déguisé en roi spirituel (athée en prime, parce que l'ironie est

144

totale).

Je croyais que la « famille kemite »
m'offrirait la guérison, la force. M te
kwè nan fanmi. M te kwè nan pawòl ki
di yo sakre.

J'ai cru aux grands discours, aux
ankhs autour du cou, aux maximes de
Ptahhotep récitées comme des man-
tras.

Mais un homme peut psalmodier «
Maât » le matin et manipuler ton
corps comme une arme le soir.

Gen gason ki pale de limyè, men kè yo
chaje ak fènwa.

Un jour, sur un live organisé par mon
mentor, tout a basculé.

Monsieur Isefet a réclamé, encore
et encore, que je fasse partie de la
modération.

Comme si j'allais jouer la sœur docile
après ses mensonges, ses trahisons,

ses humiliations.

Yo te vle m fè silans. Yo te vle m ploye. Men m pa fèt pou sa. À côté, Cri d'endormissante était là aussi, tapie dans le panel,

ricanant sous sa couronne de « reine ».

Car oui, il y a eu des piques. Des regards. Des sous-entendus. Li t ap souri, men se kout kouto li t ap bay.

L'injustice flottait, la parole étouffée, le respect piétiné, alors j'ai ouvert ma bouche.

Je suis montée sur ce fameux panel celui où j'étais tant réclamée.

J'ai dit : « Mon mentor a une famille qui l'attend, pas comme certains qui sont AwokoMan. »

Oui.

Celui qui se masturbe dans l'ombre mais se rêve prêtre sacré.

Gason ki pa menm ka kontwole kò yo, men ki vle kontwole fanm.

Et là, le masque a glissé. Sa menace a claqué comme un fouet, en direct :

« Je vais vous montrer avec photos ou vidéos qui est AwokoMan entre elle et moi. »

Traduction : revenge porn.

Une façon de dire : « Fèmen bouch ou, sinon m ap detwi w. »

M te konprann vit. Menas sa yo se zam lach. M pa t pè. M te wè klè.

Et Cri d'endormissante ? Elle a joué sa partition à la perfection.

Victime sur scène. Manipulatrice en coulisse.

Elle alimentait les rires, les ragots, soufflait la braise : « Remets-la à sa place. »

Lè w kanpe bò opresè, opresyon an

ap vale w tou.

Quand j'ai hurlé ma douleur, on m'a dit : « Calme-toi pour la lutte. Ne divise pas la communauté. »

Yo toujou mande fanm yo fè silans pou pwoteje imaj gason.

Men kilès k ap pwoteje fanm yo ?

Le plus cruel, c'est l'inversion.

Toi, brisée, repeinte en agitatrice. Toi, humiliée, sommée de ne pas faire trop de bruit pour « l'image » du collectif.

Et le plus ironique ?

Cette même Cri d'endormissante s'est fait gifler par le patriarcat kemite qu'elle caressait.

Une de ses amies, humiliée par un « frère » kemite, avec un langage soi-disant spirituel, mais violemment misogyne.

Et là encore silence total des hommes.

Patriyarka pa gen zanmi. Li manje tout moun.

Tu peux lécher ses bottes, il finira toujours par te piétiner.

Aujourd'hui, j'ai compris. Certains « kheperus » se nourrissent du chaos

qu'ils prétendent combattre.

Certaines « sœurs » préfèrent être complices du mensonge plutôt que té-moins de ta vérité.

M pa la pou nouri manti.

M pa la pou sove figi moun ki sal.

Et moi ?

Je ne nourrirai plus jamais Isefet.

Même écorchée,

ma voix reste Maât.

M vwa mwen se verite.

E verite pa mande pèmisyon.

2. *Le rôle de la femme complice*

La domination masculine ne fonctionne jamais seule.

Elle a besoin de relais. Dans nos communautés, certaines femmes deviennent les gardiennes du système qui les opprime.

Non par nature.
Mais par stratégie de survie.

Awa Thiam parlait déjà de l'« abnégation exigée ».
Marimba Ani montre comment le patriarcat colonisé infiltre les structures sociales africaines en les hiérarchisant à l'occidentale.

La femme complice n'est pas née traîtresse. Elle choisit la proximité du pouvoir plutôt que la solidarité.

Pourquoi ?

Parce que le système récompense :

- la loyauté envers l'homme dominant

- le silence

- l'attaque contre la femme dissidente

Elle devient médiatrice du patriarcat. Et parfois, la violence la rattrape.

Le patriarcat n'a pas d'amies.
Il a des utilisatrices temporaires.

Et toute femme qui protège la domination finira, tôt ou tard, par en subir le poids.

3. *Le poids du silence imposé au nom de la lutte*

Le troisième mécanisme est le plus puissant : le silence stratégique.

On ne te frappe pas. On te demande

de te taire.

Pour la cause. Pour l'unité. Pour l'image.

bell hooks, Ain't I a Woman (1981), rappelle que l'injonction au silence est un poison collectif :

> « Le chantage émotionnel au nom de l'unité est une arme du patriarcat noir. Tant qu'on tait la blessure, elle s'enracine. »

Thema Bryant-Davis, Thriving in the Wake of Trauma (2015), nomme ça : le **gaslighting Communautaire**.

On demande aux femmes noires de se taire « pour le bien du groupe » mais ce qu'on appelle unité est souvent une alliance contre elles.

Ce témoignage n'est pas un cas isolé. Il est l'écho d'un schéma trop familier : celui de l'amour déguisé en contrôle, du couple transformé en cage, de la sexualité confisquée sous prétexte de relation.

Et c'est d'autant plus violent quand cela se passe **au sein de nos communautés**, au nom d'une idéologie noire, militante ou spirituelle.

Ce que cette sœur a vécu, c'est **l'Offrosorisme** en action.

Cette logique où l'on attend des femmes noires qu'elles sacrifient leur sécurité, leur corps, leur vérité pour maintenir l'apparence d'une union, d'un couple, d'un « nous ».

Elle devait comprendre, patienter, soigner, se taire. Elle devait être forte. C'est ça, le piège : quand la souffrance devient une preuve d'amour, le silence une marque de loyauté, et la violence un « malentendu passager ».

Mais l'idéologie ne protège pas de la

domination : parfois, **elle la perfectionne.**

Quand une femme noire dit non, même doucement, elle devient « ingrate ».

Quand elle s'éloigne, elle est « folle ».

Quand elle parle, elle est « dangereuse pour le collectif ».

Et tout ce système de gaslighting émotionnel finit par la convaincre qu'elle exagère. Qu'elle mérite. Qu'elle doit réparer seule.

Ce n'est pas juste une histoire de couple.

C'est une guerre silencieuse contre **l'autonomie affective** des femmes noires.

Et nous la perdons tant que l'Offrosorisme reste sans nom, et donc sans interruption.

✦ **Témoignage anonyme – Manipulation, isolement et violences sexuelles**

Au printemps 2024, j'ai rencontré un homme sur Tik Tok. Au début, il semblait attentionné, mais très vite, il a commencé à me contrôler et à me manipuler. Il m'a isolée de mes amis, notamment ceux rencontrés sur Tik-Tok, et m'a empêchée de sortir ou de vivre ma vie normalement.

Une fois, sans me prévenir, il est venu chez moi pour me surveiller. Il a exigé de passer la nuit chez moi, menaçant de faire un scandale s'il ne le faisait pas. J'étais obligée de le laisser rester.

Plusieurs fois, il m'a forcée à avoir des rapports sexuels, me disant que ce n'était pas un viol parce que j'étais sa copine et que j'étais « obligée ».

Cette idée m'a profondément blessée, je me suis sentie sale, honteuse,
et j'ai gardé ce secret pendant longtemps.

Son comportement possessif, jaloux
et violent s'est intensifié jusqu'à la
nuit du 1er décembre. Ce soir-là,
alors que j'avais décidé de partir, il
m'a agressée physiquement, m'a
étranglée et frappée. J'étais terri-
fiée et blessée, mais j'ai réussi à
m'échapper et à porter plainte.

J'ai découvert qu'il m'avait menti sur
son âge et qu'il avait déjà agressé
d'autres femmes.

Je témoigne aujourd'hui anonyme-
ment pour dire que la violence commence souvent par la manipulation,
l'isolement, et peut aller jusqu'à la
violence sexuelle et physique.

Elle détruit peu à peu la personne, lui
enlève sa liberté, sa dignité et son

pouvoir de choisir.

Une communauté qui exige le silence des femmes pour préserver l'image des hommes n'est pas une communauté en lutte.

C'est une structure de gestion des apparences. Et aucune libération ne peut naître du déni.

« J'ai la voix écorchée mais plus jamais endormie.
Que ceux qui ont ri de ma blessure tremblent devant ma guérison.
Je refuse de nourrir le chaos.
Je suis Maât debout dans mes ruines. » Tabou M'Bleue

✦ SLAM Je ne te dois pas le silence

Je ne te dois pas le silence, ni mes larmes camouflées en loyauté.

Je ne te dois pas mes jambes ouvertes, ni mes nuits recroquevillées
sous ton autorité.

Tu n'étais pas un roi, juste un tyran
en dashiki.

Un mensonge déguisé en amour, une
claque verbale chaque fois que je disais je fuis .

Tu m'as dit que c'était normal.

Que j'étais à toi.

Que ce n'était pas un viol, juste le
devoir d'une femme droite .

Tu m'as isolée, tordu l'amitié, fermé
mes issues.

Mais je suis sortie.

À genoux, peut-être, mais jamais
plus enchaînée.

Je ne nourrirai plus l'Offrosorisme.

Je ne saignerai plus pour prouver
que j'existe.

Tu ne feras plus de mon amour un cercueil.

Ni de mon silence une offrande utile.

Maintenant, c'est moi qui parle.

Et ma voix fait trembler les murs du mensonge.

Elle dit :

Je te refuse la dernière goutte. Je me reprends toute. Je suis entière, même brisée. Tabou M'Bleue

Chapitre 4

Corps noirs, cœurs usés : entre soin et abandon de soi

Nos corps noirs, on les porte comme des armures. Comme des cicatrices. Comme des champs de bataille qu'on laboure chaque jour pour que d'autres puissent s'y abriter.

Ils portent nos ancêtres, nos colères, nos orgasmes réprimés, nos fuites silencieuses. Ils sont territoires, mais pas toujours chez eux.

On dit qu'on est fortes. On nous félicite pour ça.

Qu'importe si la force est parfois un cercueil poli.

On applaudit nos hanches quand elles portent des enfants.

On fantasme nos peaux quand elles
brillent sous le soleil.

On encaisse qu'elles soient frappées,
touchées sans consentement, exploitées pour la cause, pour le foyer,
pour l'image du « peuple uni ».

Mais qui nous demande, nous, comment va notre chair ? Qui caresse
nos cicatrices ? Qui polit nos os
quand ils craquent sous le poids du
monde ?

**Le corps noir est le premier terri-
toire de violence.**

C'est un morceau d'histoire qu'on
convoite, qu'on salit, qu'on surveille
mais qu'on soigne si rarement.

Comme l'écrit **bell hooks** ,

> *« La femme noire est vue
> comme une bête de
> somme : forte, infati-
> gable, disponible. Une*

machine à survivre, pas
un être à protéger. » *Ain't
I a Woman*

On nous a volé nos orgasmes, nos
rêves de repos, nos nuits sans peur.

Et le plus tragique, c'est que parfois,
même dans nos luttes, nos corps continuent d'être réquisitionnés pour la
marche, pour la maternité, pour le
soin des autres, rarement pour nous-
mêmes.

Dans le militantisme, dans la famille,
dans les collectifs, on retrouve
cette mécanique : nos corps disponibles, nos limites niées, nos douleurs rationalisées au nom du combat.

C'est ça, **l'Offrosorisme** quand il se
grave dans la chair : l'art douloureux
de s'oublier corporellement au nom
d'un amour, d'un peuple, d'un idéal.

C'est quand l'offrande devient

réflexe. Quand l'effacement de soi passe par la fatigue physique, les règles ignorées, les soins ajournés, les caresses sacrifiées.

C'est quand on saigne pour tous, mais qu'on ne s'arrête jamais pour soi.

Mais ici, dans ces pages, on ne va pas seulement dire ce qu'on nous prend.

On va aussi dire ce qu'on peut reprendre : notre souffle, nos veines, nos ventres, nos nuits.

On va regarder nos chairs non plus comme de la main-d'œuvre sacrificielle, mais comme **des sanctuaires** où la révolte rencontre la guérison.

Car comme le rappelait **Amos Wilson** :

> *« Un peuple qui ne se réapproprie pas la possession de ses propres corps reste prisonnier,*

Alors oui, ce chapitre sera inconfortable.

On y parlera de santé mentale piétinée.

De sexualité déformée.

D'épuisement normalisé.

Mais on parlera aussi de nos rituels, de nos grand-mères guérisseuses, de la spiritualité qui recoud ce que l'histoire a déchiré.

Nos corps noirs, nos cœurs usés mais jamais vides.

Qu'on se le dise : c'est ici qu'on commence à refuser d'être l'outil, pour redevenir le temple.

1.La santé mentale, sexuelle, physique des femmes noires négligée

On dit de nous que nous sommes « incassables ».

On sourit en répétant cette fierté :
la « Strong Black Woman » (*la
Femme Noire Forte*). Un trophée
qu'on brandit comme un superpou-
voir.

Sauf que derrière le mythe, il y a
nos corps qui ploient en silence, nos
nerfs qui lâchent, nos ventres qui
hurlent, nos nuits blanches passées à
porter les chagrins de tout un
peuple.

La santé mentale ? On la nie.

 La dépression ? Ça, c'est pour les
autres. Pour nous, ce n'est que « passager ».

 Une « crise de nerfs ». Une « pé-
riode de fatigue ». Rien qui mérite
repos, soin ou compassion.

✦ **Quand le mythe de la force**

nous enterre vivantes

On l'oublie trop souvent : cette image de la femme noire « forte » n'est pas née hier.

Elle plonge ses racines dans l'esclavage, quand **survivre** signifiait littéralement **cacher sa douleur** pour ne pas être punie, violée, arrachée à ses enfants.

Joy DeGruy va encore plus loin :

> « Les femmes noires héritent d'un modèle de survie transmis par les ancêtres esclaves : être forte pour ne pas être détruite. Ce modèle est encore valorisé, même quand il tue. » Post Traumatic Slave Syndrome (2005)

En clair :

☑ La force, au départ, était un **bouclier vital.**

166

☑ Mais ce bouclier est resté collé à la peau, même après l'abolition, même après les luttes pour les droits civiques.

☑ Aujourd'hui encore, il est recyclé par le patriarcat et le racisme qui se frottent les mains de voir les femmes noires se sacrifier sans rien demander en retour

La psychologue Thema Bryant-Davis, dans l'explique crûment :

> « Être vue comme forte n'est pas toujours une protection. Parfois, c'est la plus belle des prisons.
> » Thriving in the Wake of Trauma (2015, p. 121)

Cette force devient un **alibi** pour la société :

+ L'entourage minimise la détresse mentale : « Elle va s'en sortir, elle est forte. »

167

+ Les institutions de santé laissent les femmes noires sans
soin approprié : « Elle supporte
bien la douleur, elle exagère
sûrement. »

+ Les communautés militantes
les surexploitent au nom de la
cause : « Elle peut porter encore, elle est incassable. »

Et toi, pendant ce temps ? Tu t'ef-
fondres seule, en cachette.

On félicite la femme noire qui encaisse :

✦ « Ma mère a tout supporté. »

✦ « Ma grand-mère s'est tue pour
nous protéger. »

✦ « Ma sœur ne se plaint jamais,
elle gère tout. »

Oui, c'est vrai. Mais à quel prix ?

À force de porter le monde, **on oublie qu'on a un corps qui s'effrite,**

un cœur qui s'épuise, une libido qui meurt sous la fatigue.

Et là réside le drame :

Cette force, célébrée de l'extérieur, devient un poison lent de l'intérieur.

✦ Sexualité : entre hypersexualisation et tabou

Et la sexualité, on en parle vraiment ?

Ou plutôt soyons honnêtes on **la parle à notre place**.

On la fantasme, on la surveille, on la juge, on l'expose quand ça arrange mais nos propres mots, nos propres désirs ? On les étouffe.

Depuis l'esclavage, **la femme noire est un corps ouvert** à la violence, au fantasme, à la consommation.

Les « mules de la plantation », les « vides à combler », les « Jezebels », ces images coloniales de la femme noire « sauvage », « lubrique », qui ne ressentirait pas la douleur et aimerait la domination...

Cette saleté d'héritage, on la porte encore dans nos ventres.

bell hooks dit:

> « La femme noire a été construite comme corps disponible, jamais comme sujet de son propre plaisir. » Ain't I a Woman (1981)

✦ **La figure de la Jezebel , hypersexualisation coloniale :** Parmi les masques qui collent encore à la peau des femmes noires, il y a celui de la Jezebel. Héritée de la figure biblique de Jézabel, cette image a été recyclée par l'esclavage pour justifier le viol systématique des femmes noires. Présentées comme des corps disponibles, insatiables,

sans pudeur, elles étaient décrites
comme « naturellement » hyper-
sexuelles, ce qui permettait aux
maîtres d'effacer le mot « viol » de
leur vocabulaire.
Comme le rappelle l'historienne Deborah Gray White :

> « Le mythe de la Jezebel
> a permis de déshumani-
> ser les femmes esclaves
> en niant leur innocence
> et leur droit à la protec-
> tion. » Ar'n't I a Woman ?
> (1985)

Ce stéréotype n'est pas resté dans
les plantations : il s'est transmis
dans les représentations modernes
dans la musique, la publicité, les réseaux sociaux où le corps des
femmes noires est encore réduit à
un spectacle. bell hooks, toujours
dans Ain't I a Woman, insistait :

> « L'hypersexualisation

des femmes noires est une arme politique : elle rend nos souffrances invisibles et nos résistances illégitimes. » Ain't I a Woman (1981)

Quand l'hypersexualisation nous avale : L'hypersexualisation, ce n'est pas juste un mot universitaire : c'est la violence de voir son corps toujours convoité, jamais protégé.

Depuis la plantation, le corps de la femme noire a été **mis en vitrine** chair « exotique », chair « animalisée », chair « disponible ».

Les colons ont inventé la **Jezebel**, la « Sapphire », la « Vénus hottentote » : ces images de la femme noire insatiable, « chaude par nature », bonne à violer puisque « elle aime ça ».

Sarah Baartman, exposée nue en

Europe au XIXe siècle comme une bête de foire, en est l'exemple extrême, mais ce cirque continue, version télé-réalité, clips de rap, Only Fans, ou « militantisme-séduction ».

Patricia Hill Collins dit :

> « L'hypersexualisation de la femme noire fonctionne comme une justification subtile à la violence sexuelle qu'elle subit : si elle est vue comme désirable par nature, son consentement devient secondaire. »
> Black Feminist Thought (2000)

L'hypersexualisation est un poison collectif : Le plus pervers ?

L'hypersexualisation n'est pas seulement une violence blanche.

Elle est **intériorisée**.

Certains frères brandissent leur

fierté raciale tout en parlant de nos corps comme d'un « fruit à cueillir ».

Ils fétichisent nos formes, nos peaux, nos hanches mais ignorent nos désirs profonds.

Et pendant ce temps, la communauté ferme souvent les yeux.

On préfère protéger le « guerrier » que croire là sœur qu'il a peut-être blessée.

Les chaînes invisibles de la respectabilité : Alors on fait quoi ?

On essaie de « corriger » ça par l'autre extrême : la respectabilité.

Ne pas « faire la pute ». Ne pas être « trop ». Ne pas être « sale ».

Toujours se surveiller pour qu'aucune rumeur ne vienne salir une réputation déjà jugée coupable par défaut.

Résultat ?

Une sexualité souvent vécue dans **la peur, la honte, la performance**, mais rarement dans l'abandon.

Combien de femmes noires **se taisent sur les douleurs sexuelles**, sur les désirs inassouvis, sur les orgasmes qui n'existent même pas ?

Combien de femmes noires se font violence pour paraître « suffisamment pures » ou au contraire, « suffisamment bonnes au lit » pour qu'un partenaire reste ?

Quand le militantisme double la peine : Et le comble : quand tu es militante, tu ajoutes une couche.

Parce que la sexualité devient un terrain de suspicion.

Si tu es trop libre : tu serais « perverse », « mal baisée », « une traînée déguisée en féministe ».

Si tu n'en parles pas : tu serais «

coincée », « pas assez consciente »,
« hypocrite ».

Résultat : tu portes la révolution dehors, mais tu as honte d'admettre
que ton corps, lui, **crie encore sous
les non-dits.**

Queen Afua, le rappelle :

> « Nous devons guérir nos
> matrices car elles sont le
> trône de notre pouvoir
> spirituel. Une matrice
> blessée, c'est une femme
> coupée d'elle-même. »
> Sacred Woman

**Le trauma sexuel : la blessure
qu'on protège... pour le système :**

Beaucoup de femmes noires vivent aussi
des **violences sexuelles**, souvent dans le
silence le plus total.

Pourquoi ?

Parce qu'on a intériorisé l'idée qu'il

faut « protéger le frère » ou « ne pas diviser la cause ».

Même quand le frère est un agresseur.

Amos Wilson, dans Blueprint for Black Power, explique que : la masculinité noire, cassée par la domination blanche, se reconstruit parfois en projetant violence et domination sur la femme noir au lieu de s'en libérer. Et nous, on devient alors **les éponges de la violence coloniale recyclée. Reprendre nos corps, nos mots, nos orgasmes** : Alors non, la sexualité noire ne doit plus être un terrain de honte.

Elle doit redevenir un territoire de soin, de réappropriation.

Quand une femme noire dit « J'ai du désir. J'ai le droit de jouir. J'ai le droit de dire non. J'ai le droit de dire oui sans être jugée », elle ne fait pas qu'affirmer un plaisir.

Elle démantèle une structure coloniale. Parce qu'un corps qui jouit,
c'est un corps qui échappe au contrôle.

Un corps qui se raconte, c'est un
corps qui n'est plus à vendre. Et
qu'on l'entende haut :

> « Ma chair n'est pas un
> décor pour vos fan-
> tasmes.
> Mon désir ne vous doit
> rien.
> Mon corps n'est pas
> votre terrain de chasse
> c'est mon autel, ma clé,
> mon chant de victoire. »
> Tabou M'Bleue

**Physiquement : une armure qui
s'effrite** : Et le corps, ce brave soldat ?

Souvent célébré pour sa résilience, jamais pour sa fragilité.

On parle du « corps noir qui encaisse » : grossesse, maternité, charges multiples, violences, parfois coups.

Mais la prise en charge médicale reste, elle, dramatiquement insuffisante : taux de mortalité maternelle plus élevé, douleurs prises à la légère, diagnostics bâclés.

Patricia Hill Collins le martèle :

> « La négligence médicale à l'égard des femmes noires est une forme contemporaine de racisme. La douleur de nos corps est encore jugée supportable, parce qu'elle l'a toujours été. »
> Black Feminist Thought
> (2000)

**Témoignage Anonyme Cercle TA-
BOU**

« Je me souviens d'une sœur qui m'a
dit : « Tu sais, ma mère a enterré sa
dépression comme on enterre un secret de famille. Et moi, je fais pareil. Jusqu'à quand ?

« Elle m'a regardée droit dans les
yeux : « Est-ce qu'on a le droit de
dire qu'on est fragiles, quand on nous
a appris à survivre sans plainte ? »

✦ **Mini conclusion** : Alors oui, peut-
être qu'on ne cassera pas toutes les
chaînes aujourd'hui.

Mais à chaque fois qu'on ose dire «
J'ai mal », « J'ai envie », « Je veux
guérir » ; on griffe un bout du système.

2. L'épuisement militant, les injonctions

à la force

On dit souvent que « le militantisme, c'est l'amour en action ».

Mais quand cet amour-là suce ton sommeil, te ronge les os, te laisse exsangue sur l'autel de la Cause, ça ne s'appelle plus aimer. Ça s'appelle s'effacer. Mourir à petit feu, pour que la lutte garde bonne figure. C'est là que le piège se referme.

La femme noire est encore ici **le pilier discret du grand discours collectif**. On la félicite pour sa patience, sa constance, sa capacité à réparer ce qui casse sans jamais casser elle-même.

On lui tend des micros pour clamer la justice, mais personne ne tend l'oreille pour entendre sa fatigue.

✦ Toujours plus forte, toujours plus disponible

Patricia Hill Collins dit:

« Les femmes noires sont souvent le ciment émotionnel et organisationnel des mouvements militants, un ciment que l'on attend invisible et silencieux. » Black Feminist Thought (2000)

Invisible. Silencieuse. Forte. Encore et toujours forte.
Un Offrosorisme militant un sacrifice intériorisé qui ne dit pas son nom :
On t'apprend à donner jusqu'à l'épuisement.
À tout porter. À ne jamais flancher.
Et si tu dis « stop », tu deviens suspecte. Fragile. Égoïste. Tu serais un frein. Une traîtresse.
Voilà le piège : tu deviens un pilier, mais jamais une personne.

✦ Le burn-out militant : une fatigue qu'on romantise

Thema Bryant-Davis, encore, est sans appel :

> « Le militantisme devient dangereux quand la performance de l'endurance est plus valorisée que le soin de celles et ceux qui l'incarnent. » Thriving in the Wake of Trauma, 2015

Et c'est là que ça pique : plus tu donnes, plus tu es applaudie.

✦ La sœur toujours debout malgré ses migraines chroniques.

✦ Celle qui cumule taf, enfants, militantisme et soins infirmiers pour les autres.

✦ Celle qui meurt à petit feu mais ne le montre jamais. Mais quand tu tombes, tout le monde détourne les yeux.

On applaudit les martyrs. Mais on fuit les vivantes qui osent dire : « Je ne vais pas bien. »

Alors tu fais semblant. Tu continues.

Tu penses que c'est ça, être engagée.

Mais au fond, tu t'es oubliée. Tu n'es
plus qu'un corps utile, une voix réuti-
lisable, une énergie captée pour ali-
menter la machine collective.

C'est ça, **l'Offrosorisme militant** :

Une femme noire qui saigne pour
tous, sans jamais exiger qu'on bande
ses plaies.

Comme si poser ses limites n'était
pas un acte politique, mais un crime
contre la cause.

**Le piège est ancien et il rapporte
gros** : L'héritage est profond Depuis
l'esclavage, la femme noire est cons-
truite comme une ressource intaris-
sable. Elle portait les enfants des
autres. Elle réparait les blessures

des autres. Elle absorbait les larmes des autres.

Aujourd'hui encore, le système récupère ça.

Les collectifs militants recyclent cette force sacrificielle pour tenir des causes qui devraient être portées par tous pas seulement par quelques dos cassés.

Amos Wilson :

> « Quand l'épuisement devient un outil de maintien de l'ordre interne, la lutte devient une prison invisible. » Blueprint for Black Power (1998)

La normalisation du sacrifice : un poison collectif : On applaudit la « guerrière qui ne flanche pas ».

On romantise le manque de sommeil, l'hypertension, les larmes cachées derrière le foulard de la résistance.

On écrit des posts pour dire « Force à toi, ma sœur » ... mais on laisse la sœur crever dans son coin quand elle ose s'effondrer.

Ce qu'on ne dit pas : le burn-out militant, ce n'est pas juste une « fatigue passagère ».

C'est une **faille dans le système de soin interne.**

C'est la preuve qu'on a refait, sans s'en rendre compte, exactement ce que le système colonial a toujours fait de nous : une ressource à user jusqu'à l'os.

Qui bénéficie de notre épuisement ?

Soyons lucides.

💡 Plus nous sommes fatiguées, plus nous sommes contrôlables.

💡 Plus nous sommes épuisées, plus nous avons honte de dire stop.

Plus nous endurons, plus on nous présente comme des modèles : « Regarde, elle est toujours là, elle… »

Un modèle sacrificiel que l'on transmet aux petites sœurs pour qu'elles acceptent, elles aussi, de se consumer à petit feu.

Et pendant qu'on se tue à la tâche, le système reste debout.

Ce que l'on nous vole n'est pas seulement du temps, c'est notre souffle, notre santé, notre espérance de vie.

Et si on se disait, pour une fois :

« Je mérite de respirer avant de mourir. Je mérite de dire NON sans craindre d'être traitée de traîtresse. Je mérite un repos qui ne soit pas une punition, mais une semence pour demain. »

Amos Wilson : la force qu'on recycle… contre nous

Amos Wilson prévient:

> « Quand une communauté reproduit en son sein l'exploitation de ses plus vulnérables, elle rejoue la domination qu'elle prétend combattre. » Blueprint for Black Power (1998)

Alors posons la question : qui gagne quand nous, on se sacrifie ?

Pas toi. Pas tes sœurs.

Le système, lui, dort tranquille : tu fais tout, et tu t'épuises pour que rien ne bouge vraiment.

✦ **Témoignage anonyme – Cercle T.A.B.O.U.,**

« Je me souviens d'une nuit où j'ai organisé une veillée pour soutenir un frère incarcéré.
J'avais déjà travaillé toute la

journée, mon dos me lançait, mes enfants dormaient sans moi.
À la fin, on m'a dit merci, mais aussi :
« On compte sur toi demain pour la
manif. »
J'ai souri. Mais je suis rentrée en
larmes.
Parce que j'ai compris que personne
ne me demanderait jamais : « Et toi,
qui te soutient ? »

✦ **Témoignage anonyme – Cercle
T.A.B.O.U., 2025**
« Ma place ? Quelle place !? Très
bonne question. La vérité est que je
ne sais toujours pas où est ma place
dans cette société qui m'étouffe.
L'univers m'a fait la grâce d'être une
femme et par-dessus tout une
femme noire. Quelle bénédiction plus
grande ? Je suis fière de mon identité, et si je dois me réincarner, ce
sera femme noire ou rien.
Mais malgré cette fierté, je n'ai pas

échappé aux étaux de la maladie chronique. Elle me force à être spectatrice de ma propre vie. Je rêve d'agir pour les enfants et les femmes de ma communauté, car je sais qu'elles sont les plus vulnérables. Mais chaque fois qu'une douleur me traverse, la réalité me rappelle à elle : je dois accepter que je sois diminuée, que ma vie se vit désormais au rythme de la maladie.
Je suis une divine femme noire, mais je n'ai personne vers qui me tourner. Où sont nos centres communautaires ? Où sont ceux qui nous appellent « reine » à longueur de journée ? Je n'ai vu ni château, ni refuge seulement des hommes aux égos fragiles, qui crient fort mais s'effondrent si on ose les contredire. Avec eux, je marche sur des œufs : une parole de travers, et me voilà « lynchée » en public, ma réputation détruite, mon intimité chiffonnée. Pour rester «

acceptée », il faudrait se taire, ac-
quiescer, courber l'échine. Sinon, une
vague de dénigrement s'abat sur
nous.
Alors, où est ma place ? Nulle part.
Pour l'instant, j'observe au loin, avec
l'espoir qu'un jour les choses évolue-
ront. Et au fond de moi, je garde une
certitude : je trouverai ma place.
Parce que je l'aurai créée. Oui, c'est
à nous, femmes noires, de créer
notre place. »

Ce témoignage est un cri à la fois intime et collectif.
Il dit la fierté d'être femme noire
jusqu'à vouloir renaître femme noire
encore et encore, mais aussi la douleur de vivre avec une maladie chronique qui réduit les forces, et l'absence de refuge dans la communauté.
Il révèle plusieurs fractures :

- Corps souffrant : la maladie
  qui limite l'action, qui oblige à

regarder la vie de loin.

+ Vide communautaire : l'absence de véritables structures de soin et de soutien.

+ Fragilité masculine : les hommes qui se disent protecteurs mais détruisent celles qui osent contredire leur autorité.

+ Résilience radicale : malgré tout, elle affirme une certitude : « je trouverai ma place parce que je l'aurai créée ».

C'est un parfait exemple d'Offrosorisme : le sacrifice intériorisé des femmes noires, qu'on oblige à taire leurs douleurs, à se conformer, à porter des projets qu'elles n'ont plus la force de porter. Mais ici, l'Offrosorisme se brise sur une volonté : créer sa place soi-même.

✦ Mini conclusion : Et si on osait dire :

« Je ne veux plus être l'huile qui fait tourner la machine. Je veux être un engrenage qui peut s'arrêter et qu'on respecte pour ça. Ma fatigue n'est pas un sacrifice héroïque. C'est un appel à la lucidité. »

L'Offrosorisme, ici, prend le visage de **l'épuisement héroïsé**.
Un **martyre militant**, devenu normal.
Mais on **refuse ce mythe**.
On **refuse d'être des ombres puissantes, mais mortes à l'intérieur.**
On **réclame le droit au soin. Le droit au repli. Le droit au souffle.**
Pas plus tard. Maintenant !

3. Le corps comme lieu de combat, mais aussi d'oubli

C'est dans nos corps que tout commence et souvent que tout s'oublie.

Nos chairs portent les coups, les rires, les naissances, les peines, les campagnes électorales improvisées,

les nuits sans sommeil, les bras qui
tiennent la banderole et les enfants.

Mais ce qu'on oublie souvent de dire,
c'est que **le corps noir féminin n'est
pas juste un support individuel.** Il
est aussi un espace historique, un
territoire collectif de domination, de
résistance et de mémoire.

**✦ Le corps noir comme première
propriété volée**

Depuis la traite esclavagiste, le
corps des femmes noires a été la
première marchandise.
On l'a acheté, vendu, violé, forcé à
enfanter pour produire encore plus
de corps exploitables.
Angela Davis le rappelle :

> « Le corps de la
> femme esclave
> n'était pas seule-
> ment l'objet du
> travail forcé, mais

aussi un moyen de reproduction du système d'exploitation lui-même. »
Women, Race and Class (1981)

Les femmes esclaves n'avaient aucun droit sur leur utérus : elles étaient contraintes d'enfanter pour enrichir le maître. Le viol n'était pas un accident, mais une politique économique.

Deborah Gray White (Ar'n't I a Woman ? 1985) souligne que la reproduction servile était calculée : plus une femme enfanterait, plus sa « valeur » augmentait sur le marché.

Cette dépossession n'a pas disparu : elle s'est transformée. Aujourd'hui encore, nos ventres sont scrutés : jugés trop féconds, ou pas assez « dignes » de maternité selon la classe sociale. Dans les années 1960-1970, des milliers de femmes noires et portoricaines aux États-Unis ont été stérilisées de force au nom du contrôle des naissances ce que **Dorothy Roberts** a appelé **un « génocide reproductif »** dans Killing the Black Body (1997).

En Amérique latine et dans les Caraïbes, **la Banque mondiale a financé des campagnes de stérilisation ciblant les populations noires et indigènes**. En France hexagonale et dans les DOM, de nombreuses femmes notamment à La Réunion dans les années 1970 ont été stérilisées ou avortées de force, souvent sans leur consentement éclairé.

Le racisme obstétrical, lui, persiste : aux États-Unis, les femmes noires meurent trois fois plus d'accouchement que les femmes blanches (CDC, 2020).

En France, des rapports **pointent la négligence face aux douleurs des**

femmes noires, jugées « plus résistantes ».

Patricia Hill Collins le martèle:

> *« La négligence médicale à l'égard des femmes noires est une forme contemporaine de racisme. La douleur de nos corps est encore jugée supportable parce qu'elle l'a toujours été. »* Black Feminist Thought, (2000)

Et nos formes sont toujours découpées, monnayées : clips, porno, marketing « curvy », fétiches exotiques. Sarah Baartman, exhibée comme « Vénus hottentote » au XIXe siècle, n'est pas un souvenir lointain. Elle vit encore dans chaque caméra qui zoome sur nos hanches, chaque campagne qui utilise nos corps comme décors, chaque frère ou « allié » qui fétichise nos formes tout en ignorant nos voix.

Le corps noir des femmes n'a jamais cessé d'être un champ de bataille. Marchandise hier, fétiche aujourd'hui, il reste la première propriété que le système colonial et patriarcal s'est arrogée. Le reprendre c'est arracher l'histoire par les racines, c'est refuser que nos matrices, nos ventres, nos plaisirs soient encore des propriétés collectives.

✦ **Le corps, terrain de hiérarchie interne**

Mais le combat ne vient pas seulement de l'extérieur.

Patricia Hill Collins le dit clairement :

Black Feminist Thought (2000)

Peau plus claire, traits « lissés », cheveux assouplis ce sont des assignations de valeur qui façonnent même nos solidarités sororales. Cette compétition plonge ses racines dans les plantations, où les femmes claires de peau étaient placées « dans la maison », tandis que les plus foncées restaient aux champs.

Michelle Wallace, dans *Black Macho and the Myth of the Superwoman* (1978), rappelait que le colorisme est une stratégie de domination : il crée des privilèges relatifs pour certaines et des stigmates profonds pour d'autres.

Le plus pervers, c'est que ces hié-rarchies s'inscrivent dans nos propres désirs et nos propres af-fects. Combien de femmes noires, dès l'enfance, ont entendu : « Toi, tu es jolie parce que tu es claire », ou au contraire : « Toi, il faudra com-penser avec ton caractère » ? Qui a le droit d'être désirée sans être fé-tichisée ? Qui est vue comme mili-tante crédible, et qui est réduite à une « potiche » ?

Tant que nous ne briserons pas ces hiérarchies internes, **le corps des femmes noires restera un champ de bataille coloniale rejoué à l'in-fini.** Le colorisme n'est pas une pré-férence, c'est une **blessure poli-tique.** Nommer cette blessure, c'est commencer à désarmer la guerre sourde qu'elle alimente entre nous.

✦ **La sociologie du corps oublié :**

ce qu'on ne nomme pas

Frantz Fanon dans *Peau noire, masques blancs* (1952), a montré que le colonisé est défini de l'extérieur, parlé par l'autre avant de s'appartenir à lui-même.

Pour les femmes noires, cela signifie que notre corps est traversé, utilisé, évalué, mais rarement écouté.

Notre utérus devient un champ de bataille : grossesses multiples imposées hier dans les plantations, aujourd'hui encore fibromes, endométrioses et règles hémorragiques trop souvent passées sous silence.

Nos douleurs chroniques sont niées dans les hôpitaux : on nous dit que nous exagérons, que nous supportons mieux la souffrance. Ce stéréotype hérité de l'esclavage continue d'influencer la médecine contemporaine.

Aux États-Unis, comme en France, des études montrent que les femmes noires sont moins bien prises en charge en obstétrique, et plus souvent victimes de racisme obstétrical.

Notre sexualité, elle, est jugée, jamais entendue. Réduite à l'hypersexualisation coloniale (la Jezebel, la Sapphire, la Vénus hottentote) ou corsetée par l'injonction à la respectabilité. Rarement dans la vérité simple d'un désir libre, d'une parole incarnée. Comme l'écrit bell hooks :

> « Le corps des femmes noires a été construit comme objet de désir ou de répulsion, jamais comme espace de subjectivité. » *Ain't I a Woman,* (1981)

Et quand nous parlons de maladies

spécifiques **SOPK, fibromes, endo-métriose,** nos paroles sont minimi-sées, mises au compte d'un « dé-sordre hormonal ». Or ces maladies sont aussi les symptômes d'une mé-moire collective : ce que **Saidiya Hartman** appelle « *la douleur héritée* » (*Lose Your Mother*, 2007).

Ce silence médical, ce mépris social, ce fétichisme culturel participent d'une même logique : l'oubli organisé du corps noir féminin.

Comme si notre rôle était de porter, de donner, de servir, mais jamais d'habiter pleinement notre propre chair.

Tant que notre corps restera parlé par d'autres médecins, maris, mili-tants, institutions, nous ne pourrons pas l'habiter comme territoire sou-verain. Reprendre notre corps, c'est rompre avec cette sociologie de l'ou-bli. C'est faire du ventre, du sexe,

du souffle et de la douleur un langage politique. Car nos corps ne sont
pas des métaphores : ils sont le lieu
même de la lutte.

**✦ Gynécologie : quand nos organes
portent des noms d'hommes blancs**

Nommer, c'est posséder. La gynécologie occidentale a baptisé nos organes au nom d'hommes européens :
**Fallope, Bartholin, Skene, Douglas,
Montgomery, De Graaf, Gräfenberg etc.** Des noms d'hommes blancs
imprimés sur nos matrices.

- Trompes de Fallope (Gabriele Falloppio, XVIe) → trompes utérines / trompes.
- Glandes de Bartholin (Caspar Bartholin, XVIIe) → glandes vestibulaires majeures.
- Glande de Skene (Alexander Skene, XIXe) → glandes para-urétrales.
- Cul-de-sac de Douglas (James

Douglas, XVIIIe) → cul-de-sac recto-utérin.

- Glandes de Montgomery (William Montgomery, XIXe) → tubercules aréolaires.
- Follicule de De Graaf (Regnier de Graaf, XVIIe) → follicule ovarien.
- Point G (Ernst Gräfenberg, XXe) → zone para-urétrale sensible (terme descriptif non éponymique).

Même nos douleurs portent leurs patronymes. Et l'outil totem de cette violence est le spéculum de **J. Marion Sims**, « père de la gynécologie moderne », qui a bâti sa renommée en expérimentant sur des femmes esclaves noires, sans anesthésie. (Harriet A. Washington, *Medical Apartheid*, 2006; Deirdre Cooper Owens, *Medical Bondage*, 2017).

Ce n'est pas **qu'une question de**

vocabulaire : c'est **une inscription coloniale** du pouvoir jusque dans nos chairs. Reprendre nos mots dire **trompes utérines** plutôt que Fallope, c'est déjà arracher une part de souveraineté.

✦ Héritage spirituel : entre oubli et transmission

Mais dans ce corps, il y a aussi une mémoire vivante, un potentiel de soin.

Dans la tradition afro-caribéenne, **Claudine Michel**, anthropologue haïtienne rappelle :

> « Le corps n'est pas seulement une enveloppe : il est le véhicule de la lignée, le point de passage des ancêtres. » Aspects moraux et éthiques du vodou, 1996

Nos ventres et nos voix ne sont pas

seulement les nôtres : ils sont habités par les forces de celles qui ont résisté avant nous. **Wangari Maathai**, dans *le* dit autrement :

« Honorer nos corps, c'est honorer la terre et les ancêtres qui nous ont portés. » Unbowed (2006)

Oublier nos corps, c'est donc oublier nos ancêtres. À l'inverse, prendre soin de nos matrices, de nos respirations, de nos désirs, c'est prolonger un héritage spirituel de résistance. Nos corps sont des archives. Nos cicatrices sont des archives. Les écouter, c'est refuser l'oubli.

Ce n'est pas une métaphore : c'est une pratique quotidienne de respect.

Témoignage anonyme – Cercle TABOU

« Je me souviens qu'à une manif, on

courait pour échapper aux flics.
Mon ventre me brûlait, mes règles
coulaient comme un torrent.
Mais je n'ai rien dit.
Après, j'ai pleuré dans mes toilettes
en nettoyant mon sang.
Mon corps hurlait, mais qui aurait
voulu l'entendre ? »
Alors oui, le corps est un champ de
bataille mais il peut redevenir un
sanctuaire.
 Un espace qu'on arrache à l'oubli,
qu'on retisse avec soin.

« *Je ne suis pas qu'un*
champ qu'on laboure sans
fin.
 Je suis aussi une terre
où poussent les mé-
moires,
 une racine vivante qu'on
ne pille plus. » Tabou
M'Bleue

Conclusion : Le soin comme arme, le corps comme temple

Nos corps portent tout. La violence des siècles, les secrets familiaux enterrés, les nuits sans sommeil, les caresses volées, nos danses et nos chants de survie.

On nous a appelées fortes, solides, « incassables » mais cette force a souvent été une armure qui nous enterrait vivantes.

Queen Afua dit :

> « Quand une femme soigne son corps, elle soigne les générations avant elle et celles qui viendront après. » Sacred Woman (2000)

Et si le soin devenait notre arme ? Si nos utérus redevenaient des trônes, nos dos fatigués des racines qu'on abreuve de douceur ?

Et si, comme le dit la sagesse kemite, on reconsidérait nos corps
comme des temples vivants, gardiens
de Maât l'équilibre, l'ordre, la justice
au cœur même de nos os ?

Ra Un Nefer Amen, Metu Neter,
Vol. 1 (1990) : (prêtre kemite con-
temporain) l'affirme :

> « Le corps n'est pas l'es-
> clave de l'esprit, ni sa
> prison il est son temple.
> Le négliger, c'est négli-
> ger le divin. »

Comme l'enseignait déjà le sage kemet **Ptahhotep** (Proverbe égyptien
ancien) : « Celui qui connaît son corps
connaît son âme. Celui qui soigne son
âme soigne son peuple ».

Nos corps ne sont pas des champs
qu'on laboure sans fin.

Ils sont nos sanctuaires, nos tambours, nos rivières de mémoire. Nos

ventres sont des autels, nos mains
sont des herboristes. Nos grands-
mères sont encore là, dans chaque
feuille de bissap, chaque rituel,
chaque souffle de purification.

Et qu'on le grave dans nos ventres,
nos poitrines, nos artères :

« Je mérite d'être vivante. Je mérite d'être reposée. Je mérite de
jouir de ma chair, de la protéger, de
la transmettre.

Et je ne mourrai plus pour prouver
ma valeur. » Tabou M'Bleue

On nous disait fortes, dures, indestructibles.

On nous veut dociles, abîmées, épuisées.

On sera tendres, rugueuses, réparées en-semble.

Je ferme mes blessures, je laisse mes racines respirer.

Je redeviens terre fertile, non champ de guerre.

Je tends ma main aux lignées qui veillent.

Je ne porte plus seule la cendre de mes dou-leurs.

J'invite les ancêtres à souffler sur ma peau.

Je fais de mon corps un autel, une rivière, une promesse.

Dans l'esprit de Maât, je remets l'équilibre au creux de mes os.

Je jure devant mes mères que ma vérité sera ma guérison.

« Ce qui devait nous briser deviendra notre chant de soin. Guérir est ma révolution silen-cieuse. Nous guérirons ensemble ou nous ne guérirons pas. » Tabou M'Bleue

*Ptahhotep, sagesse de kemet
(vers -2400 av. J.-C.) :*

> *« Celui qui est
> sage est celui
> qui sait écouter
> son cœur.*
>
> *Car le cœur est
> la voix des an-
> cêtres. »*

Chapitre 5

Spiritualité, guérison et transmission

On a pansé nos blessures à mains nues, sur des sols battus par la honte et la poussière.

Nos mères, nos tantes, nos grand-mères savaient déjà : quand la société te renie, ton refuge devient ton propre souffle.

Quand la douleur s'enracine dans la chair, c'est la mémoire qui saigne.

Quand le soin jaillit, c'est une rivière qui irrigue nos descendances.

Alors, nous plantons des herbes, nous veillons sous la lune, nous cousons nos colères dans des chants que personne ne peut confisquer. Nous écrivons nos vérités sur des carnets froissés, comme des incantations qui se chuchotent à l'oreille des ancêtres.

Queen Afua l'a dit : « Le corps de la femme noire est un sanctuaire. Quand il est violé, c'est une lignée qui tremble. Quand il est soigné, c'est une lignée qui se relève. »

Claudine Michel le murmure dans l'ombre du lakou haïtien : « Nous sommes gardiennes de secrets qui ne s'achètent pas. Le soin est une mémoire qui circule, même quand tout le monde veut la faire taire. »

Guérir, pour nous, c'est une question de survie. Mais c'est aussi une stratégie de résistance :

Parce qu'un corps apaisé, un esprit aligné, une lignée reconnectée, c'est une force que le chaos ne peut plus engloutir.

Nous sommes celles qui brûlent les

poisons et gardent la graine.

Celles qui tendent la main aux mortes et aux vivantes, pour que demain, nos filles marchent la tête haute, le ventre léger, la langue libre.

« Le soin est mon insoumission. Ma douceur est une arme que vous ne volerez pas. » Tabou M'Bleue

« *Connais-toi toi-même, et tu connaîtras les dieux.* » Temple de Louxor, Égypte

« *Quand les racines tiennent, l'arbre n'a pas peur du vent.* » Proverbe bantu

1. *Comment des femmes noires trouvent refuge dans des pratiques de soin : (kem) afrospiritualités, écriture, plantes, cercles de parole*

✦ **L'héritage afro-spirituel comme refuge**

Avant qu'on nous dise comment prier,
comment vivre, comment mourir,
nous avions déjà nos temples. Des
maisons sans murs, des tambours
pour autels, des rivières pour ablu-
tion. Nos mères et grand-mères ont
transmis ça sans manuel, sans di-
plôme : la certitude que guérir est
un acte collectif, un pacte silencieux
qu'aucun colon ne peut confisquer.

Claudine Michel rappelle :

> « Dans le lakou, on soigne
> les âmes autant que les
> corps. La grand-mère, la
> tante, la sœur, toutes
> sont détentrices d'un sa-
> voir qui n'est jamais to-
> talement capturé par
> l'oppresseur. » *Essais sur la
> spiritualité haïtienne* (2006)

Et **Ra Un Nefer Amen**, dans Metu

Neter (Vol. I), enseigne :

> « La purification du
> corps est la porte de la
> maîtrise de l'esprit. »

Queen Afua, (Sacred Woman, 2000), ouvre les portes : Chaque bain de plantes, chaque jeûne, chaque cercle de parole, chaque souffle d'encens devient un fil qui rattache nos ventres à nos ancêtres. Chaque mot écrit devient incantation de guérison si nous osons nous regarder nues, sans masque.

✦ **L'écriture : médecine de la langue**

Écrire, c'est se faire sage-femme de soi. Accoucher de la parole confisquée, longtemps enfermée dans le ventre, nouée dans la gorge. Chaque phrase est une contraction, chaque mot un cri ou une délivrance.

Audre Lorde l'écrivait déjà :

« Le mot reste notre première arme. Surtout quand on voudrait qu'il soit une faiblesse. » Sister Outsider (1984)

Mais écrire n'agit pas que sur l'âme : ça agit aussi sur le corps. La main tremble d'abord, puis coule, comme si l'encre drainait les tensions, déliait les nerfs, assouplissait les muscles crispés. Les épaules se détendent, la nuque se dénoue, la poitrine s'ouvre. Écrire, c'est respirer après une apnée trop longue.

Renina Jarmon rappelle que prendre la plume, pour les femmes noires, c'est un acte de souveraineté : un refus radical de l'effacement, une manière de s'autodéfinir en dehors des récits imposés.

Toni Morrison l'avait compris :
« S'il y a un livre que tu veux lire et qui n'existe pas encore, écris-le. »

Maryse Condé, Ntozake Shange, Toni Morrison... toutes ont laissé derrière elles des pierres noires sur le chemin. Écrire, c'est marcher sur cette route et déposer à notre tour des signes. Même quand personne ne lit, poser les mots nous libère : c'est une offrande aux ancêtres, un message laissé dans les marges de l'histoire pour celles qui viendront. »

✦ **Témoigne Cercle T.A.B.O.U :**

« J'ai recommencé à respirer le jour où j'ai écrit ce que personne n'osait entendre. Sur un vieux carnet, avec un stylo qui tremblait. »

✦ **Les plantes et la guérison quotidienne**

Avant que nos racines soient arrachées, nous savions écouter les feuilles.

Le gombo pour purifier, le clou de girofle pour apaiser, l'aloe vera pour cicatriser.

« La main qui prépare la tisane est celle qui protège l'esprit. » **Proverbe afrodescendant.**

Nzingha Dalila, dans African Holistic Health, rappelle que l'alimentation est une arme de soin radical. Chaque graine replantée est un refus de mourir.

Une tisane à l'aube, une fumigation avant un cercle de parole, une lotion sur le ventre avant un rituel de pardon rien n'est insignifiant. La plante est une alliée, pas une marchandise. Elle sait. Elle guérit. Elle enseigne l'écoute.

✦ **Le cercle de parole : sanctuaire**

collectif

Un cercle, c'est une barricade qui
respire. Pas de haut, pas de bas, pas
de chef : juste des voix qui tour-
nent, se répondent, se tiennent. Et
au milieu, la vérité même quand elle
brûle.

bell hooks (1989) l'écrivait déjà dans
Talking Back :

> « La parole est un acte
> de défi. Elle brise le
> bâillon intérieur. »

Dans le lakou, dans une cuisine qui
sent l'encens, dans une chambre où
dorment les enfants, nos cercles
sont des refuges. On peut y dire nos
larmes, nos colères, nos silences. On
peut s'y pardonner mal, pleurer mal,
crier mal et pourtant on reste. Parce
que rester, c'est déjà résister à
l'isolement.

222

Témoignage anonyme – Cercle TA-BOU

« Mon premier cercle, j'y suis allée avec mon masque de guerrière. J'ai dit : « Je ne vais pas pleurer, je ne vais pas tout balancer, je suis forte. » Quinze minutes plus tard, je racontais tout le viol, la honte, la colère. Et j'ai compris : j'étais forte, justement, parce que j'avais craqué au milieu de femmes qui tenaient ma voix. »

✦ **Mini conclusion** : Nos cercles ne sont pas des décorations Instagram, Tik Tok etc. Nos plantes ne sont pas des gadgets de bien-être. Nos mots ne sont pas des passe-temps littéraires.

Ce sont des barricades contre le vide, des racines vivantes que rien n'a pu confisquer.

La tisane, la parole, la prière, la page noire, la main tendue tout cela est une insurrection douce. Une mémoire qui continue de respirer en nous.

« Quand une femme noire se soigne, c'est un arbre entier qui recommence à respirer. » Tabou M'Bleue

> 2. Reconnexion à soi et aux lignées féminines

✦ **Ouvrir : Le ventre, la lignée, la mémoire**

On nous parle d'héritage comme d'un collier en or qu'on transmet de mère en fille.

Mais notre vrai héritage, c'est ce que nos ventres portent, même quand nos bouches se taisent.

Queen Afua ne dit pas seulement « prends soin de ton utérus » comme on soigne un organe.

Elle dit :

> « Nous sommes les gar-
> diennes de portails sa-
> crés. Chaque douleur que
> nous guérissons est une
> porte que nous rouvrons
> pour la lignée. » Sacred
> Woman (2000)

Et **Awa Thiam** (La parole aux négresses, 1978) nous ramène au cœur
du combat :

> « Nos ventres sont mar-
> qués par la colonisation
> autant que nos têtes.
> Mais c'est par eux aussi
> que viendra la liberté. »

Quand le colon a coupé nos rites, nos
cycles, nos savoirs, il a essayé de
tuer notre mémoire. Chaque matrice
oubliée, chaque maternité volée,
chaque silence sur nos fausses
couches, nos douleurs de règles, nos
avortements forcés tout ça est un

souvenir qu'on porte encore. Alors, poser la main sur son ventre, réapprendre à l'écouter, ce n'est pas un gadget de développement personnel. C'est un acte panafricain (Panakemite) de reconquête.

Parce qu'un ventre qui redevient un sanctuaire, c'est une lignée qui se souvient qu'elle n'est pas née pour souffrir en silence.

✦ La lignée blessée : la honte, le silence et la dette

Joy DeGruy, dans Post Traumatic Slave Syndrome (2005), montre que nos traumatismes ne sont pas juste « psychologiques ». Ils vivent dans nos gènes, nos hormones, nos organes. Ils se disent par des migraines, des cycles menstruels anarchiques, des cauchemars répétitifs.

Chaque silence dans la famille devient un kyste sous la peau.

Chaque non-dit s'imprime dans nos ventres comme une dette qu'on n'a jamais signée mais qu'on paie quand même.

Mais le plus cruel, c'est qu'on ne nous a pas appris à les nommer. On a appris à sourire pour sauver la face. À porter nos familles à bout de bras comme nos mères portaient nos grand-mères, pliées sous les non-dits mais droites devant le monde.

Ntozake Shange, dans for colored girls..., transforme ça en chant de sororité :

> « I found God in myself,
> and I loved her fiercely.
> »
> « J'ai trouvé Dieu en
> moi-même et je l'ai aimée
> avec férocité. »

Elle rappelle que le plus grand sacrilège, c'est de croire que nos blessures sont honteuses alors qu'elles sont juste humaines, qu'il faut parfois aimer la part la plus cabossée pour rompre l'héritage du silence.

Claudine Michel, elle, parle du lakou haïtien comme d'une métaphore vivante :

> « Une blessure qu'on cache pourrit plus vite qu'une blessure qu'on lave ensemble. »

Nos lignées portent encore trop de blessures non lavées. Trop de peurs héritées qu'on garde comme si elles étaient sacrées.

Mais le lakou, c'est le rappel que la honte est un poison qui se soigne à plusieurs.

Parler, c'est laver. Pleurer ensemble, c'est fertiliser la terre.

Et ce qu'on ne veut plus transmettre, on l'enterre pour de bon.

✦ La lignée guérie : transmission consciente

Guérir, ce n'est pas oublier. Ce n'est pas dire « ça n'a jamais existé ».

C'est regarder la cicatrice et dire : « Tu ne gouverneras plus ma vie. »

Toni Cade Bambara pose la question qui arrête tout :

« Veux-tu vraiment être guérie ? »
The Salt Eaters

Parce que ça implique de renoncer à ce qu'on croit nous protéger le silence, l'oubli, les pactes de loyauté envers ceux qui nous ont détruites.

Et si nos mères ont transmis sans avoir le choix, nous, on peut choisir de ne pas passer la facture à nos filles.

Marimba Ani nous renvoie à nos

racines :

> « Une culture qui
> perd ses rituels de
> soin perd son âme.
> » Yurugu (1994)

La guérison individuelle n'est jamais qu'individuelle. Elle est un fil.

Un fil qu'on attache à nos filles, nos sœurs, nos tantes même celles qui ne comprendront jamais.

Queen Afua insiste : faire une purge, jeûner, écrire son pardon, fabriquer son autel, ne sont pas de simples « rituels New Age ». C'est réparer ce qui a été volé. C'est dire :

> « Je ne lègue pas mes
> blessures telles quelles.
> » On ne soigne pas juste
> le corps. On restaure une
> architecture qu'on pensait démolie.

230

Ça, c'est politique.

Guérir consciemment, c'est choisir
de ne pas laisser les blessures cou-
rir. C'est dire :
« Je vais apprendre à poser mes limites. »
« Je vais demander pardon à la petite fille en moi. »
« Je vais montrer à mon fils qu'un
homme peut aimer sans briser. »
Ça n'est pas héroïque, ça n'est pas
Instagrammable.

Parfois ça ressemble juste à dire
non à la violence.

Parfois ça veut dire rompre avec une
famille qui étouffe.

Parfois ça veut dire pleurer seule
dans un cercle, puis se relever avec
ses sœurs.

✦ **Témoignage Cercle T.A.B.O.U**

« J'ai commencé ma guérison le jour où j'ai osé écrire une lettre à ma grand-mère morte.

J'ai pleuré, j'ai ri, j'ai senti son souffle dans mon dos.

Et j'ai compris que je ne faisais pas ça pour moi seule.

Ma fille, même si elle ne naît jamais, mérite que je sois un peu moins brisée. »

« Ce que la lignée a scellé, la volonté peut libérer.

 Guérir, c'est tresser ensemble la mémoire et le futur,

 pour que nos ventres redeviennent des temples, pas des tombeaux. » — Tabou M'Bleue

3. *Queen Afua Sacred Woman et les cercles de guérison collective*

✦ *Une boussole afro-spirituelle contemporaine*

Il y a celles qu'on appelle « New Age ». Et puis il y a celles qui n'ont rien inventé, mais qui recousent ce que l'histoire a déchiré : le lien entre nos ventres, nos ancêtres et nos rituels.

Queen Afua ne dit pas seulement : « Prends soin de ton corps ».
Elle dit :

> « Nous sommes les gardiennes de portails sacrés. Chaque douleur que nous guérissons est une porte que nous rouvrons pour la lignée. » Sacred Woman (2000),

Elle nous rappelle :

> « Si ton corps est un temple, pourquoi le laisses-tu entre des mains qui l'ont profané pendant des siècles ? »
> (Sacred Woman)

233

✦ Des rituels comme barricades douces

Queen Afua ne parle pas de « bien-être » pour vendre du rêve. Elle parle de reconquête. Jeûner pour libérer ton ventre. Installer un autel pour te souvenir que ton souffle est relié à celui de tes mères.

Marcher en cercle avec d'autres pour que la honte coule hors de ton corps.

Elle le dit sans fard :

> « Nos ventres ne sont pas des tombeaux pour les douleurs anciennes. Ils sont des temples de renaissance. »
> (Sacred Woman)

✦ Le cercle de guérison : notre autel collectif

Les cercles de femmes, ça fait ricaner ceux qui n'ont jamais vu leur force.

Dans ces cercles, on apprend à dire :

« Je saigne encore, mais je ne suis plus seule. »

« Je pardonne, mais je pose mes limites. »

« Je guéris, mais je ne porte pas tout pour tout le monde. »

Queen Afua écrit :
> « Nous devons créer des cercles sacrés où nos voix se répondent comme des tambours, pour que la guérison s'enracine dans chaque lignée. » Sacred Woman,

✦ **Témoignage Cercle T.A.B.O.U :** « Mon premier cercle, je l'ai rejoint sans trop y croire.

Une femme a dit : « Mon utérus n'est pas un cimetière pour mes secrets. »

Une autre a murmuré : « Je n'ai plus peur de laver mes douleurs sous vos yeux. »

Et j'ai compris : un cercle, c'est une maison qu'on bâtit ensemble, sans maître ni mur. »

✦ mantra « Guérir ensemble, c'est tresser nos blessures en racines,

transformer nos ventres en temples, et dire à celles qui viendront : « Ici, tu ne seras plus exilée. » Tabou M'Bleue

Conclusion analytique : Spiritualité, guérison et transmission

Le cinquième chapitre éclaire une dimension trop souvent reléguée au second plan dans nos luttes collectives

: la guérison comme **acte radical** et transmission consciente.

À travers les pratiques afro-spirituelles, l'écriture, les cercles de parole et les rituels hérités, il rappelle que pour de nombreuses femmes noires, se soigner n'est ni un luxe, ni un caprice « New Age ».

C'est un **bunker vivant**, un territoire qu'elles reprennent centimètre par centimètre après avoir été façonnées pour donner sans jamais se recharger.

Queen Afua, citée comme fil noir, incarne cette boussole qui relie soin individuel et soin collectif.

Elle ne propose pas de vendre du rêve sous cellophane. Elle dit : « Prends soin de ton utérus comme d'un autel » parce qu'elle sait que l'histoire de ce ventre est aussi celle des chaînes, des viols institutionnalisés, des maternités forcées ou empêchées.

Sa voix rappelle que la spiritualité n'est pas un dogme hors-sol : c'est une **épistémologie vivante**, un savoir incarné, un écho des grands-mères qui savaient soigner quand les livres les traitaient de « sauvages ».

Ce chapitre martèle un point trop oublié : la guérison est politique parce qu'elle vient briser l'idée que le corps noir est un champ de bataille éternel, offert au sacrifice collectif.

Guérir, c'est refuser d'être l'infirmière du monde jusqu'à l'épuisement.

C'est dire qu'on a le droit de poser une frontière : « Je ne porterai pas toute votre révolution si je m'y éteins. »

C'est comprendre que la résistance ne commence pas seulement sur une place publique, mais parfois sous une couverture, une main posée sur son ventre, un cercle de femmes autour d'une bougie.

D'un point de vue sociologique, ce texte rappelle aussi que le soin, isolé, reste fragile.

Un cercle de guérison sans conscience collective peut vite devenir un exutoire individuel, récupérable par un système qui adore voir les femmes noires se raccommoder toutes seules pour mieux les renvoyer au front.

La force vient de la sororité : parler, laver ensemble, transmettre ce qui nous libère, filtrer ce qui nous tue.

Ce que la lignée a reçu malgré elle peut être trié. On peut choisir : « Ça, je le garde. Ça, je l'enterre. »

Et c'est là que réside la charge subversive : tenir cette tension entre lucidité et tendresse.

Accepter qu'il n'y ait pas de transmission propre, sans cicatrice mais
qu'on peut transformer la douleur en
racine fertile.

Refuser d'être la martyre sacrée
tout en restant la gardienne du sanctuaire.

C'est peut-être ça, la désobéissance
la plus féconde : une spiritualité sans
maître, sans gourou, sans sacrifice
obligé mais avec un cercle qui murmure :

« Je te tiens, tiens-moi aussi. »

Chapitre Spécial

À nos frères, sans condition mais pas sans exigence

Une adresse directe aux hommes noirs

Le **Dr Amos Wilson** ne mâche pas ses mots :

> « Le patriarcat noir est une copie coloniale. Il fait de l'homme noir un geôlier pour ses propres sœurs. » Black-on-Black Violence (1990)

Michael Eric Dyson le confirme :

> « Le patriarcat vous vend l'illusion du pouvoir, mais vous prive de votre humanité. »

Et **Carter G. Woodson**, dans The Mis-Education of the Negro (1933), dénonçait déjà les hommes noirs formés à mépriser leurs propres sœurs, comme on leur a appris à se mépriser eux-mêmes.

Le patriarcat n'est pas votre libération. C'est une prison dorée, qui vous promet la domination mais vous empêche d'être entiers.

Il vous impose la dureté, le contrôle, le silence émotionnel, la performance virile constante.

Il vous dit que pleurer, c'est faillir.

Que douter, c'est trahir votre race.

Que soigner, c'est vous soumettre.

Et vous y croyez.

Mais à quoi bon combattre l'oppression raciale si c'est pour devenir les agents de notre oppression intime ?

Pourquoi cette peur de la

vulnérabilité ?

Pourquoi l'amour devient-il pour vous un territoire à dominer, une scène à contrôler, un combat à gagner ?

Pourquoi est-ce que nos limites vous mettent en colère ?

Pourquoi, quand on vous dit « j'ai mal », vous entendez « tu es faible » ?

Pourquoi devons-nous presque mourir pour que vous nous écoutiez ?

Nous voulons comprendre. Mais nous ne pouvons plus nous sacrifier pour expliquer.

> a. *Ce que vous reproduisez, ce que vous laissez mourir*

À chaque fois que vous niez nos émotions, que vous minimisez nos douleurs, que vous exigez notre loyauté sans réciprocité, vous perpétuez un modèle qui vous a, vous aussi, déshumanisés.

Quand vous dites que vous luttez
pour la communauté mais refusez de
nous protéger, que luttez-vous vraiment ?

Quand vous vous revendiquez militants, mais que vous nous humiliez en
privé, qui servez-vous vraiment ?

Quand vous parlez de traditions,
d'ancêtres, de respect, mais que
vous ne reconnaissez pas nos voix,
que défendez-vous vraiment ?

Le patriarcat vous vole votre sensibilité. Il vous fait croire que votre
pouvoir est dans le contrôle.

Mais votre vraie force est ailleurs :
dans votre capacité à aimer, à prendre soin, à écouter, à guérir.

    b. Ce que vous transmettez (ou pas)
Si tu veux que ta fille ne saigne pas

pour tous, commence par montrer à
ton fils comment aimer.

Vos enfants vous regardent. Ils
vous observent dans vos silences,
dans vos cris, dans vos absences,

dans vos élans de tendresse comme
dans vos refus de vous excuser.

Vous êtes des modèles. Que vous le
vouliez ou non. Et si nous n'apprenons
pas ensemble à déconstruire ce qui
nous détruit, eux, vos fils, vos filles,
reproduiront :

- La violence déguisée en autorité.
- La froideur masquée en fierté.
- Le sacrifice féminin présenté
  comme normalité.

c. *Une autre voie est possible*

Nous ne vous demandons pas d'être
parfaits. Nous vous demandons
d'être présents, authentiques,

responsables.

Nous voulons des frères qui aiment sans posséder.

Des pères qui soignent. Des compagnons qui écoutent.

Des hommes noirs qui pleurent, qui demandent pardon, qui tiennent parole, qui osent dire :

« j'ai peur »,

« je suis blessé »,

« j'ai envie d'apprendre ».

Nous avons vu des hommes changer. Nous avons vu des hommes revenir, s'excuser, écouter, se remettre en question. Nous avons vu des hommes choisir la tendresse, la transparence, la lenteur, et y gagner en puissance.

La lutte est devant nous, oui. Mais elle est aussi entre nous.

Et elle commence dans l'intime.

    d. Alors, frères…

Si vous voulez être libres, aimez sans dominer. Si vous voulez qu'on tienne ensemble, regardez ce que vous faites de nous. Si vous voulez transmettre, défaites ce qui vous a blessés avant de blesser à votre tour.

Nous sommes à vos côtés. Mais plus derrière vous. Ni en dessous. ***À côté. Ou rien.***

Slam « À côté. Ou rien. »

Frère,

Ce slam, c'est pas une gifle,

C'est une lumière posée sur ton front.

Pas pour t'éclairer de haut, mais pour te rappeler qu'on a trop marché dans l'ombre.

On t'a aimé en silence.

Porté dans le chaos.

Excusé dans l'abandon.

On t'a protégé de la police, de la rue, de la misère, et parfois… de toi-même.

Mais on n'est pas venues sur Terre pour mourir en preuve d'amour.

On ne veut plus d'un amour qui gifle, qui ignore, qui s'absente.

On veut un amour qui construit, qui écoute, qui désarme.

Un amour qui prend soin des traumas — pas qui les recycle.

Frère .

On ne t'abandonne pas.

Mais on ne s'abandonnera plus pour toi.

On ne veut pas être ta mère, ton

coussin, ton champ de bataille émotionnel.

On veut être à côté. Égale. Vivante. Respectée.

Si tu veux qu'on tienne ensemble,

cesse de nous traiter comme des sacrifices.

Tu veux qu'on t'appelle roi ?

Alors traite-nous comme des reines, pas comme des servantes.

Tu veux l'unité ?

Alors arrête de confondre domination et amour.

Tu veux la paix ?

Commence par poser tes armes quand on te dit qu'on a mal.

Frère, si tu veux qu'on t'aime sans condition,

sois capable de nous aimer sans

destruction.

Nous sommes prêtes à t'aimer, à marcher avec toi, à guérir ensemble.

Mais plus jamais en rampant.

À côté. Ou rien. Tabou M'Bleue

Voix de nos frères : quand l'intime devient responsabilité

Ce chapitre n'est pas seulement ma parole tournée vers vous.

Certains frères ont accepté de déposer leurs vérités, leurs blessures, leurs contradictions.

Parce que si nous voulons marcher côte à côte, il faut que la parole circule des deux côtés.

Leur voix ne vient pas annuler la mienne. Elle vient l'élargir.

Elle dit que le patriarcat n'est pas une fatalité.

Que les hommes noirs peuvent regarder en face ce qu'ils reproduisent et choisir autrement.

Ces témoignages ne sont pas des confessions pour se faire pardonner.

Ce sont des actes de courage, des fragments de vérité.

Ils montrent que nos frères ne sont pas que des bourreaux, mais aussi des hommes qui doutent, qui cherchent, qui trébuchent, qui veulent apprendre à aimer sans détruire.

✦ **Témoignage anonyme : Frère, Cercle T.A.B.O.U., 2024**

« J'ai grandi en pensant que montrer mes émotions, c'était trahir ma virilité.

Alors j'ai appris à être dur. Avec moi-même. Avec les femmes aussi.

Je croyais que c'était ça, être un homme : contrôler, imposer, ne jamais plier.

Mais la vérité, c'est que j'avais peur. Peur d'être rejeté. Peur de paraître faible.

Alors j'ai répété ce qu'on m'avait appris : me taire, dominer, mentir.

Un jour, une sœur m'a dit : « Tu crois me protéger, mais tu m'enfermes. »

Ça m'a frappé. J'ai compris que je reproduisais exactement ce que le système voulait : être le geôlier de ma propre famille.

Depuis, je désapprends. Je ne suis pas encore l'homme que je voudrais être, mais au moins je ne veux plus être celui qui détruit. »

✦ **Témoignage anonyme : Frère, Cercle T.A.B.O.U., 2023**

« J'ai honte de l'admettre, mais j'ai été ce frère qui se taisait quand un autre humiliait une sœur.

Je pensais : « Ce n'est pas mon problème. Je ne veux pas diviser le groupe. »

En vérité, j'avais peur d'être rejeté par les autres hommes si je prenais sa défense.

Mais chaque fois que je me taisais,

je participais.

Aujourd'hui, je comprends que mon silence était une arme contre mes propres sœurs.

Si nous voulons une vraie unité, je dois être capable de parler, même contre mes amis, même contre mes « frères ».

Parce que si je ne protège pas mes sœurs, alors de quelle unité je parle ? » ait une sœur.

✦ Témoignage Cercle T.A.B.O.U – Frère Kwame, 2024

« J'ai longtemps cru que pour être respecté, il fallait imposer.

J'ai crié plus fort que j'écoutais. J'ai exigé plus que je donnais.

Et je pensais que c'était normal, que c'était mon rôle d'homme noir dans un monde qui nous méprise.

Mais un jour, ma compagne m'a dit :
« Tu combats dehors, mais à la maison, c'est moi ton champ de bataille. »

J'ai pris une claque. J'ai compris que je reproduisais ce que je jurais de combattre.

Aujourd'hui, j'apprends à aimer autrement. À m'excuser, à demander pardon, à dire quand j'ai peur.

Je ne suis pas parfait, mais je refuse que mon fils croie qu'être un homme, c'est briser les femmes. »

✦ **Témoignage : Frère Idriss, Cercle T.A.B.O.U., 2023**

« J'ai vu trop de fois des frères rester silencieux pendant qu'une sœur pleurait.

J'ai été de ceux qui se taisaient, parce que je ne voulais pas perdre la face devant les autres hommes.

Je croyais protéger l'unité. En vérité, je protégeais la lâcheté.

Aujourd'hui, je prends la parole
quand il le faut.

Même si ça dérange, même si ça me
coûte. Parce que l'unité sans justice,
c'est une mascarade.

Et parce que je sais que ma fille ne
sera jamais libre si je continue de
me taire. »

*« Parmi les paroles reçues, celle-ci m'a
marquée par sa lucidité et sa manière de
traverser toutes les couches du vécu masculin noir : la famille, la diaspora, l'amour,
l'éducation, la responsabilité. Une voix qui
parle sans détour, et qui dit beaucoup de
nos dynamiques actuelles. »*

**✦ Témoignage Cercle T.A.B.O.U.,
2025, expérience en tant qu'homme**

**noir de la diaspora Issaga KANTE
:** Homme noir que je suis dans une société française, on attend de moi que je sois une victime, que je coche les cases préétablies pour tous les étrangers : être drôle, sociable, limité dans mes centres d'intérêt, surveillé dans ma manière de parler.

Mais je refuse de suivre cette voie.

Il y a aussi une pression sociale très forte venant de la famille (hommes et femmes confondus) : certains sont conscients de la réalité de l'Europe, d'autres la voient encore comme un paradis. Il faut être riche, construire au pays, se marier tôt, avoir des enfants, envoyer de l'argent chaque mois, suivre les règles islamiques comme des vérités absolues, envoyer les aînés à La Mecque, etc.

Ce mélange de pression et de responsabilités est censé faire de nous des hommes virils et responsables, avec des objectifs qu'on ne doit jamais abandonner.

Oh, la femme noire, que j'aime et que j'admire.

Depuis ma jeunesse, j'ai toujours été attiré par la femme noire. Une attirance inexplicable, instantanée. Physiquement, elle a un charme unique. Le fait qu'on se ressemble, qu'on partage certaines réalités du quotidien... tout cela nourrit ma curiosité et mon attachement.

Mais j'ai aussi rencontré des difficultés : la famille, l'entourage, les incompréhensions, l'impatience, la vie de couple...

Tout cela m'a ramené à un point central : l'éducation.

Nous partons sur des bases malsaines.

Beaucoup d'entre nous sommes très mal éduqués dans nos communautés, et nous absorbons toutes les influences extérieures néfastes comme si c'était normal.

Les relations hommes/femmes noires sont complexes, mais aussi plaisantes, constructives et parfois fatigantes. Est-ce différent des autres couples ? Pas forcément.

J'ai remarqué que nous avons souvent une mauvaise image les uns des autres.

– Des petites filles grandissent sans figure paternelle, et on leur dit de choisir un homme blanc pour s'en sortir.

– Des petits garçons apprennent qu'ils doivent contrôler leur femme et ne jamais tenir compte de son avis.

– Le mariage avec une femme

blanche est présenté comme un signe de réussite, tandis qu'une femme noire serait un échec.

La dot a été pervertie : certaines femmes sont littéralement vendues par leurs parents.

Tout cela crée une toxicité qui détruit l'amour.

Mais grâce à la nouvelle génération, les couples noirs commencent à se bâtir sur des bases plus saines, en partie grâce au mouvement *black love*.

Les hommes noirs et leurs responsabilités :

Ils doivent assumer leurs responsabilités : être de bons maris, de bons pères, et partager un respect mutuel avec les femmes noires.

Dans la lutte collective, les hommes doivent être au centre des rapports de force pour protéger les intérêts de la communauté.

Il faut éviter toute friction interne homme/femme noire. Dans plusieurs traditions africaines, la femme a une place centrale sans être marginalisée.

Le principal problème, selon moi, vient de l'héritage abrahamique : un héritage forcé qui soumet les femmes.

Même ceux qui quittent les religions gardent souvent cette éducation en eux. Nous devons bâtir une société nouvelle et redonner à la femme noire sa place.

Cette parole n'est pas seulement un témoignage : c'est un miroir.

Un homme noir qui parle ainsi, sans se cacher derrière la fierté ou les blessures, cela indique une chose essentielle : la

*transformation est possible. Sa voix rap-
pelle que la reconstruction de nos liens ne
se fera ni contre les hommes, ni sans eux
mais avec ceux qui acceptent de regarder
leurs héritages, leurs contradictions et
leurs responsabilités en face.*

*Rien ne changera tant que les hommes
noirs ne se délient pas des éducations qui
les ont déformés.*

*Rien ne guérira tant que les femmes
noires porteront seules la charge du soin
et de la réflexion.*

*Et rien ne s'élèvera si nous ne retrouvons
pas nos traditions où la femme était centrale et l'homme responsable.*

Là où une parole comme la sienne existe,

il y a déjà un futur possible.

**✦ Témoignage anonyme sous forme
d'interview : Cercle T.A.B.O.U.,
2025**

*Merci d'avoir accepté cet échange.
Ton témoignage sera recueilli dans le*

cadre du chapitre spécial de mon livre Celles qui saignent pour tous.

Ce chapitre s'intitule « À nos frères, sans conditions mais pas sans exigences ».

C'est un espace où la parole des hommes noirs compte, un espace sans filtre, sans jugement, et toujours avec respect.

Tes mots resteront confidentiels si tu le souhaites.

Ce que je cherche à comprendre à travers cet entretiens, c'est comment vous vivez la charge, l'amour, la virilité, et votre place aujourd'hui dans nos dynamiques collectives.

Je vais donc te poser une série de questions. Tu réponds comme tu le sens, avec sincérité.

Et tu as bien sûr la possibilité de mettre un veto sur une question si elle te paraît trop intime ou incon-fortable.

VOLET 1 *Identité et positionnement*

Question 1 : Comment te définirais-tu en quelques mots ? Âge, parcours, engagement, vision de toi en tant qu'homme noir ?

Réponse du témoin : J'ai 35 ans.

En ce qui concerne mon identité, je me définis avant tout comme Afri-cain.

Et je pense avoir eu beaucoup de chance, surtout quand je compare mon parcours à ce que je vois au-jourd'hui en Occident ou sur les ré-seaux sociaux, notamment TikTok.

Cette chance, c'est celle d'avoir construit mon identité très tôt, d'avoir été clair sur qui j'étais depuis l'enfance.

J'ai grandi dans une famille où l'on avait une vraie conscience des réalités noires.

Très jeune, j'ai été sensibilisé aux luttes, à la condition sociale des nôtres, aux enjeux liés à mon ancestralité. Et c'est ce qui a fait que pendant longtemps, je me suis souvent senti *en décalage* avec les miens : ceux qui m'ont élevé, ceux qui m'ont entouré, ma propre communauté.

J'avais une vision, une connaissance, une conscience que les autres autour de moi ne partageaient pas forcément.

Ils ne voyaient pas les choses comme je les voyais.

Et donc, au niveau de l'identité, je dirais que j'ai très tôt eu une direction claire même si cela m'a parfois isolé.

Question 2 : Quelle est la plus

grande pression ou attente que tu ressens à cause de ton identité d'homme noir ?

Réponse du témoin : Je dirais qu'il y a plusieurs volets... Peut-être deux, peut-être trois.

Il y a le volet sociétal, il y a le volet familial, et il y a aussi le volet... je dirais, personnel, en tant que père de famille.

Donc ce sont plusieurs dimensions en même temps. Je ne sais pas si je suis clair, mais c'est un ensemble de pressions différentes.

Q (relance) : D'accord. Et si on se focalise sur la pression familiale, ton rôle de père ou même ton rôle d'homme, quel serait le mot ou les phrases qui définit le mieux cette grande pression liée à ton identité d'homme noir ?

Réponse du témoin : Je dirais que...

parfois, j'ai l'impression que je dois *compenser* au nom de certaines réalités qu'on m'a imposées.

Je suis juste né homme, en fait.

Je suis né homme, et je suis le premier aîné de ma famille.

Et cette position entraîne beaucoup de responsabilités, même sur des choses que je n'ai pas choisies.

Parfois, je me demande : *pourquoi moi ?*

Pourquoi je dois porter ça, alors que ce n'est pas quelque chose que j'ai demandé ?

Quand ma grand-mère était encore là, elle comprenait mon positionnement, elle comprenait mes limites.

Mais depuis que mes grands-parents ne sont plus là, je subis cette étiquette de « l'homme de la famille », soi-disant.

Une étiquette que je n'ai jamais demandée.

Et puis, au nom de mon statut d'aîné, on m'impose aussi des responsabilités que je ne comprends pas toujours.

Il y a des choses que je fais *juste parce que je dois les faire*, mais au fond... j'aimerais bien les remettre en question.

Question 3 : Quand tu penses à ce que ça veut dire « être un homme noir aujourd'hui », qu'est-ce qui te vient spontanément à l'esprit ? Pression, fierté, douleur... Qu'est-ce qui ressort en premier pour toi ?

Réponse du témoin : Je dirais... incompris. C'est vraiment le premier mot qui me vient.

Parce que, malheureusement, beaucoup d'entre nous avons eu de mauvais modèles.

C'est la vérité.

Et du coup, on a parfois du mal à se placer : *quel est vraiment mon rôle ?*

Où est ma place ?

Comment je dois me positionner ?

Les rôles ne sont pas clairs.

Dans ma famille, par exemple, ce ne sont même pas des rôles : ce sont juste des responsabilités qu'on me met sur le dos au nom de certains principes.

Parce que je suis un homme.

Parce que je suis l'aîné.

Parce que je suis l'oncle de leurs enfants.

Et à partir de là, tout devient « normal » pour eux.

Payer leurs études ? Normal.

Aider financièrement ? Normal.

Être disponible dès que quelqu'un est malade ? Normal.

C'est comme si tout allait de soi.

Mais… est-ce que quelqu'un se demande comment *moi* je vais ?

Est-ce que quelqu'un s'inquiète de ce que *moi* je ressens ?

De ce que je traverse ?

C'est ça, parfois, être un homme noir : porter des attentes, des responsabilités, et en même temps… être invisible dans sa propre douleur.

VOLET 2 *Les relations avec les femmes noires*

Très bien.

On va maintenant passer au deuxième volet, celui qui concerne ta relation aux femmes noires : mère, sœur, amie, compagne, militante…

bref, les femmes qui ont traversé ou marqué ta vie.

Question 4 : Comment perçois-tu les femmes noires dans ta vie ? Que ce soit ta mère, ta sœur, une amie, une compagne ou même au niveau militant : comment vois-tu les femmes noires autour de toi ?

Réponse du témoin : Je dirais que j'ai évolué. Avant, je défendais la femme noire coûte que coûte.

C'était instinctif. Même quand je voyais les failles, je ne voulais pas les voir. Et pour t'expliquer ça, je dois revenir à mon histoire.

Si je suis l'homme que je suis aujourd'hui, c'est grâce à deux personnes :

mon grand-père, et ma grand-mère.

C'est mon grand-père qui m'a appris ce que c'était d'être un homme.

C'est lui qui m'a transmis ma vision du monde, ce que la société attend, et comment marcher droit. Malheureusement, je les ai perdus très jeune et avec eux, j'ai perdu mes repères.

Les autres hommes qui m'entouraient n'étaient pas des exemples.

Et du côté des femmes, c'est ma grand-mère qui m'a appris la douceur, pas ma mère.

Ma mère...

Je la respecte parce qu'elle m'a mis au monde.

Mais en réalité, j'ai grandi sans elle.

Elle m'a abandonné à trois mois pour aller se marier, et m'a laissé à sa propre mère.

Et aujourd'hui, elle a un comportement très autoritaire envers moi, comme si elle avait toujours été là.

Mes frères et sœurs ont connu une mère que moi je n'ai jamais eu.

Moi, je ne l'ai appelé « maman » que très récemment, quand j'ai su que j'allais devenir père.

Avant ça, je l'appelais par son prénom.

Quand je souffrais enfant et que je cherchais de l'aide, elle ne me croyait pas.

J'ai subi de la maltraitance.

On m'a enfermé dans une cave pendant des jours, des semaines.

J'appelais au secours, et ma mère me disait : « Tu es un homme, tu vas gérer. »

Ce n'est que quand des policiers ont débarqué, quand ils m'ont sorti de cette cave, qu'elle a réalisé que ce que je lui disais était vrai.

Et ça m'a marqué.

Ça m'a renvoyé très tôt l'image d'une femme noire qui ne voit pas la souffrance de son enfant, qui protège les apparences au lieu de protéger son fils.

C'est un traumatisme que j'ai dû porter longtemps.

Et puis il y a eu ma tante qui pour moi est comme une mère, une mère coutumière.

Mais elle aussi a reproduit des formes de violence.

Quand j'ai voulu présenter ma compagne d'époque, elle lui a manqué de respect ouvertement, lui a imposé des tâches humiliantes, pour « tester » si elle méritait ma famille.

Ce sont des violences que personne ne nomme, parce qu'elles viennent de femmes.

Et ensuite, mon mariage...

J'ai aimé une femme.

Mais ce qui m'a détruit, ce n'est pas la séparation c'est le manque de loyauté, le fait qu'elle ait relégué notre enfant au second plan, comme si sa vie personnelle valait plus que son rôle de mère.

Ça m'a renvoyé à mes propres démons : à ma mère, à l'abandon, au désintérêt, à l'enfant que j'étais qu'on n'a pas protégé.

Et c'est là que j'ai compris quelque chose de difficile à admettre : ma vision idéalisée des femmes noires venait de ma grand-mère.

Mais dans ma vie, beaucoup de femmes m'ont déçu.

Famille, entourage, relations...

Je me suis souvent retrouvé face à des femmes qui faisaient du mal, qui abusaient de leur position, ou qui

refusaient d'assumer leurs responsabilités.

J'aime profondément la femme noire. Mais je la vois telle qu'elle est : avec ses forces, ses failles, ses traumatismes.

Ce ne sont pas des déesses parfaites. Elles aussi portent des violences,

elles aussi peuvent reproduire des schémas destructeurs.

Je suis toujours attaché à la femme noire.

Mais j'ai déconstruit l'image idéale que j'avais d'elle.

Ma vision a complètement changé.

Question 5 : As-tu parfois eu le sentiment que les femmes noires « portaient » trop de choses, même pour les hommes ? Que ce soit dans le quotidien, le relationnel, ou plus largement ?

Réponse du témoin : Alors… au départ, la question ne m'était pas très claire.

J'avais besoin que tu la précises.

Quand tu m'as expliqué que tu parlais de femmes noires qui prennent sur elles des responsabilités, des charges ou des rôles qui ne devraient pas être les leurs y compris des rôles que les hommes devraient normalement assumer là, j'ai mieux compris.

Et sur ce point, je dirais que non, pas exactement comme on le présente souvent.

Aujourd'hui, dans notre société, quand on parle d'éducation, on a tendance à tout ramener à la mère.

On dit facilement : « C'est ta mère qui t'a fait. »

Mais techniquement, je n'ai pas été fait uniquement par une mère.

J'ai aussi été fait par un père.

Si un enfant échoue, on pointe la mère.

Si un enfant réussit, c'est normal.

Mais cette logique-là pose un vrai problème : elle déplace toute la responsabilité éducative sur la femme.

Moi, j'ai grandi au pays, et même au village, donc c'est encore plus complexe.

Il y a un décalage énorme entre ceux qui ont grandi là-bas et ceux qui ont grandi ici.

Mais au village, à l'époque où j'ai grandi, l'éducation à l'ancienne existait encore.

Ma grand-mère, par exemple, n'a jamais eu besoin de hausser le ton.

Je ne l'ai jamais vue frapper.

Elle incarnait une autorité naturelle, posée.

Aujourd'hui, beaucoup de femmes se retrouvent seules dans la société actuelle, avec des pères absents.

Elles endossent donc *à la fois le rôle de mère et le rôle de père.*

Elles nourrissent, elles protègent, elles tiennent la maison,

et en même temps, on leur demande d'assumer une autorité qui n'est pas la leur.

Or, une femme n'est pas un homme.

Donc oui, à ce niveau-là, *elles portent une charge qui ne devrait pas être uniquement la leur.*

Je le vois aussi dans les différences d'éducation.

Il y a des choses que moi, même

adulte, je ne me permets pas par respect pour l'éducation que j'ai reçue.

Quand je n'étais pas d'accord avec une tante, par exemple, je n'élevais pas la voix. Je prenais sur moi.

Mais ici, on voit parfois des mères qui n'osent pas confronter leurs fils.

Pas parce qu'elles sont faibles,

mais parce que le père n'est pas là pour poser un cadre clair.

La mère se met alors en retrait. Elle tolère chez le garçon des comportements qu'elle n'aurait jamais tolérés chez une fille.

Pourquoi ?

Parce que le garçon ne craint pas la confrontation, et la mère, elle, n'a pas toujours les outils ou le soutien pour y faire face.

J'ai vécu ça avec mes cousins.

Un matin, je me rends compte qu'une tante a peur de son propre fils.

Et ce fils-là, paradoxalement, me respecte, moi.

Ça montre bien le déséquilibre.

Il y a donc un vrai problème : les responsabilités émotionnelles, psychologiques et familiales ne sont pas suffisamment *partagées* et encore moins *assumées du côté masculin.*

Et c'est là que les femmes noires se retrouvent à porter trop de choses pas par choix, mais par absence.

Question 6 : Y a-t-il eu un moment où tu as pris conscience de la douleur ou de la fatigue des femmes noires ? Et comment tu le ressens, comment tu réagis face à ça ?

Réponse du témoin : Je pense que, pour moi, la première prise de conscience est venue de ma grand-mère.

C'est vraiment par elle que j'ai compris.

Mon grand-père était militaire.

Un homme très droit, très strict, mais qui ne prenait pas forcément parti.

C'est surtout ma grand-mère qui a tout porté.

Avant même que je vienne au monde, elle avait déjà eu cinq ou six enfants.

Et quand moi je suis né, c'est à ce moment-là que mon grand-père a décidé de quitter l'armée, de quitter cette vie-là, parce qu'il ne voulait plus continuer dans ce système.

Mais malgré ça, c'est toujours ma grand-mère qui faisait tout. Elle a tout donné.

Quand elle a commencé à prendre de l'âge, moi j'étais déjà en Occident.

Et c'est là que j'ai vraiment vu

quelque chose de très dur : le *manque de reconnaissance* de ses propres enfants envers elle.

Je voyais une femme fatiguée. Une femme incomprise. Une femme qui avait tout sacrifié, mais dont personne ne reconnaissait vraiment le travail, l'engagement, la vie donnée aux autres.

Et pourtant, on n'est pas une famille privilégiée.

Mes oncles, mes tantes, personne ne dira qu'il a eu une vie facile.

On vient d'Afrique, on connaît les difficultés.

Mais justement : ils avaient une mère qui avait tout donné.

Qui avait misé toute son énergie, toute sa vie, sur ses enfants.

Et malgré ça, je voyais cette femme manquer de reconnaissance.

Je l'entendais me parler.

Je voyais que, paradoxalement, c'était souvent moi le plus jeune, celui qui était loin qui lui apportait le plus de présence et d'attention.

C'est là que j'ai compris qu'il y avait un vrai décalage.

Quelque chose qui ne tournait pas rond.

Ma prise de conscience est venue de là : de cette *injustice* faite à une femme qui avait tout fait pour sa famille, et qui, au final, se retrouvait fatiguée, peu reconnue, parfois même invisibilisée.

Et c'est ce qui m'a profondément sensibilisé à la fatigue des femmes noires.

D'abord à travers ma propre famille.

À travers la manière dont des enfants peuvent, sans même s'en rendre compte, reproduire une forme d'ingratitude envers leur mère.

C'est là que j'ai compris qu'il y avait un problème structurel,

et que cette fatigue, cette douleur, elle ne venait pas de nulle part.

Question 7 : Qu'est-ce que les femmes noires t'ont appris sur la force, l'amour, ou même la résilience ?

Réponse du témoin : Ça, je l'ai appris très tôt… surtout grâce à ma grand-mère.

Quand j'étais encore petit, elle me disait souvent une phrase que je ne comprenais pas vraiment à l'époque.

Elle me disait : « Quand tu vois un être qui marche et qui saigne, mais qui continue d'avancer sans s'arrê-ter, cet être-là ne peut pas être ton camarade. »

Sur le moment, je ne comprenais pas.

Et plus tard, j'ai compris ce qu'elle voulait dire par « saigner ».

Elle ne parlait pas seulement du corps. Elle parlait de la vie.

Des blessures invisibles.

Du fait de continuer à avancer, à travailler, à porter, même quand on est en train de se vider de l'intérieur.

Avec le temps, j'ai compris que c'était ça, la résilience.

J'ai l'impression d'avoir vécu plusieurs vies.

À tel point que j'ai commencé à écrire, à poser des mémoires, peut-être pour laisser un jour quelque chose à mon fils.

Parce que certaines choses ne

peuvent pas rester uniquement dans la tête.

Je repense souvent à un épisode marquant de ma vie. En 97–98, j'étais à Kinshasa.

C'est à ce moment-là que j'ai rencontré mon géniteur.

Il venait du sud, du côté politique entre les deux Congo.

Il y a eu un changement de pouvoir, une situation de guerre, une grande violence.

On a voulu tuer une grande partie des membres de ma famille.

Et ce jour-là, mon géniteur m'a abandonné.

Il m'a dit de rentrer, de me réfugier… et il n'est jamais revenu.

Pendant un moment, je n'ai eu aucune nouvelle.

Tout le monde pensait que j'étais mort.

Mais ma grand-mère, elle, n'y croyait pas.

Elle savait que je n'étais pas mort.

Alors que tout le monde lui disait de laisser tomber, que c'était trop dangereux, qu'elle allait mourir, elle a traversé des zones de guerre, tout un pays en feu, juste pour venir me chercher.

Et elle m'a retrouvé.

Quand elle m'a trouvé, j'étais hospitalisé.

J'avais eu un grave problème à la tête.

Si elle n'était pas arrivée à ce moment-là, je pense sincèrement qu'il ne me restait que quelques jours à vivre.

Et elle, malgré tout, malgré la peur,

malgré la guerre, malgré les avertissements, elle a foncé.

C'est là que j'ai compris ce qu'était la force des femmes noires.

Une force intuitive. Une force têtue, profonde, viscérale.

Quand elles savent quelque chose, quand elles sentent quelque chose,

elles vont jusqu'au bout.

C'est cette femme-là qui m'a fait comprendre que j'avais de la valeur.

Que même quand tout le monde te croit perdu, il suffit parfois d'une personne qui croit en toi pour que tu survives.

C'est ça que les femmes noires m'ont appris : la résilience. La persévérance. Et cette capacité à avancer coûte que coûte.

Et parfois, je me dis que c'est une force que nous, les hommes noirs, nous n'osons pas toujours incarner de la même manière.

Question 8 : Penses-tu que les hommes noirs sont parfois mal compris par les femmes ?

Réponse du témoin : Oui. Pas tout le temps, mais oui.

Et pour moi, il y a un vrai problème d'éducation dans notre communauté.

Est-ce que l'homme noir est réellement éduqué à être un homme noir ?

Honnêtement, je ne pense pas.

Souvent, les hommes noirs ne se comprennent même pas eux-mêmes… alors encore moins leurs femmes.

On a du mal à se comprendre parce que, déjà, chacun est perdu.

Chacun a peur.

Nos rôles ne sont pas clairement définis.

On n'a pas eu de bons modèles.

Et c'est difficile de transmettre quelque chose quand toi-même, tu ne sais pas exactement ce que c'est.

Quand tu n'as jamais eu le temps de réfléchir à ton rôle, à ta place, à ta responsabilité.

Dans beaucoup de situations, tout se règle avec l'argent.

Comme si l'argent pouvait tout compenser.

Mais l'argent ne règle pas tout.

Question 9 : Et inversement, est-ce que tu penses que les femmes noires sont parfois mal comprises par les hommes ?

Réponse du témoin : Oui. Parce qu'à la base, les fondations ne sont pas bonnes.

Ni les hommes, ni les femmes ne partent sur de bonnes bases.

Chacun ne sait pas vraiment quel est son rôle réel.

Alors on construit des relations sur des idées toutes faites, souvent héritées de discours religieux ou culturels jamais questionnés.

Par exemple, chez nous, on entend souvent : « Ma femme, c'est ma cousine. » Mais qui a décidé ça ? À part des pasteurs qui répètent ce genre de choses en boucle, qui l'a réellement défini ?

À force d'être répété, c'est devenu une évidence culturelle.

Mais est-ce que c'est juste ? Est-ce que c'est sain ?

Je ne pense pas.

À partir de là, on avance mal.

Je vois aussi dans la communauté que, parfois, l'homme noir peut avoir tout ce qu'il veut, parce que certaines femmes ne mettent pas de limites claires.

Ce qui entre en jeu, souvent, c'est l'argent, le statut, le succès.

Surtout quand un homme est un peu connu ou à une certaine réussite,

des femmes viennent vers lui sans forcément se demander s'il est réellement un bon partenaire.

Et nous, les hommes aussi, on a notre part de responsabilité.

On se laisse parfois séduire sans réfléchir.

On avance sans se poser les bonnes questions.

Et quand on parle de mariage, là, tout s'écroule.

Parce qu'on se rend compte qu'il n'y avait pas de valeurs communes,

pas de vision partagée,

pas de fondations solides.

VOLET 3 *Virilité, blessures et transmission*

On va donc entrer dans le troisième volet, qui concerne la virilité, les blessures et la transmission.

Ce qui est intéressant, c'est que tu as déjà répondu en partie à deux questions importantes dans les volets précédents.

Tu as expliqué comment tu as appris à être un homme, notamment à travers ton grand-père et ta grand-mère, et tu as aussi parlé des figures qui t'ont manqué, comme ton géniteur et ta mère, dans ce rôle-là.

Du coup, ma question (10) maintenant sera la suivante : qu'est-ce qui t'a manqué, concrètement, dans ton éducation d'homme ? Qu'est-ce qui n'a pas été transmis, ou pas suffisamment, et qui t'a peut-être laissé des manques, des blessures, ou des zones d'interrogation dans ta construction en tant qu'homme noir ?

Réponse du témoin : Avec le recul, je dirais que ce qui m'a le plus manqué, c'est du temps. Du temps avec mon grand-père.

Je suis venu en Occident alors que j'étais encore mineur.

Je les ai quittés trop tôt, avant d'avoir fini de me construire, avant d'avoir assimilé tout ce que j'avais encore à apprendre auprès d'eux.

Je suis devenu père assez tard, presque à 30 ans. Ce n'était pas un hasard.

Au départ, je ne voulais pas vraiment d'enfant.

J'ai dû faire un vrai travail sur moi.

Je n'ai pas honte de le dire : j'ai souffert d'un syndrome de stress post-traumatique. Et à travers mon travail avec ma psy, j'ai aussi dû me poser une question fondamentale : qu'est-ce que ça veut dire être parent ?

Est-ce que je me sentais capable d'être père ?

Au début, je ne me sentais pas légitime. Je ne me sentais pas « bon ».

Ça m'a pris des années avant de pouvoir accepter cette idée, avant de me dire que je pouvais essayer, tout en faisant attention à ne pas reproduire certaines erreurs.

Si j'étais resté plus longtemps avec mon grand-père, je pense que j'aurais encore appris beaucoup de choses.

Il y avait encore des transmissions à faire.

Ce qui m'a manqué, au fond, c'est

aussi un déficit de modèles.

De vrais modèles.

Des gens que tu observes vivre, agir,
se comporter, et dont tu peux t'ins-
pirer naturellement.

Mes grands-parents, pour moi,
étaient un modèle incroyable.

Ils formaient un équilibre rare.

Ma grand-père faisait en sorte que
nous ne manquions de rien.

Je n'ai jamais connu la faim. Je n'ai
jamais manqué de l'essentiel.

Ma grand-mère, elle, veillait à la
transmission, à l'ordre, à l'apprentis-
sage de la vie.

Ils fonctionnaient ensemble, chacun
à sa place, dans un équilibre profond.

C'est ce modèle-là qui est resté mon
idéal.

Mais c'est aussi un modèle difficile à

retrouver aujourd'hui, difficile à atteindre.

Je pense qu'il y avait encore des choses, peut-être même des secrets, que j'aurais aimé apprendre auprès d'eux. J'étais trop jeune quand je suis parti.

Je ne me plains pas de ce que j'ai reçu.

Mais face à certaines difficultés de la vie, je me dis souvent que j'aurais eu besoin de leurs conseils un peu plus longtemps.

Question 11 : Est-ce qu'il y a des choses que tu as dû désapprendre ?

La violence, le silence, la domination... Est-ce qu'il y a des choses que tu as dû désapprendre ?

Réponse du témoin : Oui. Beaucoup de choses.

Comme je l'ai expliqué avant, j'ai été

enfermé et maltraité par mon géniteur, mon père.

Et quand, enfant, tu dis à ta mère : « Regarde ce qui m'arrive », elle te répond : « Un homme ne pleure pas. »

À l'époque, je n'arrivais pas à dormir sans hurler dans mon sommeil.

C'étaient des cris liés aux traumatismes.

En 97-98, je suis sorti de cette maison-là, au Congo-Brazzaville.

Mais avant ça, on venait de perdre énormément de monde.

Plus de trente personnes de ma famille ont été tuées : des hommes, des femmes, des enfants.

Ce sont des images que tu ne peux pas oublier. Tu joues avec des cousins, et quelques instants plus tard, tu vois leurs corps. Tu marches dans la rue et tu vois une femme enceinte morte, et un chat en train de tirer le fœtus hors de son corps.

Ce sont des choses qui te poursuivent. J'ai fait des cauchemars pendant longtemps.

Aujourd'hui ça va mieux, mais à l'époque, c'était constant.

Et mon géniteur ne voulait pas comprendre ça. Il ne voulait pas comprendre le traumatisme d'un petit garçon.

À la place, il répondait par encore plus de violence.

C'est là que j'ai dû apprendre ou plutôt désapprendre quelque chose de fondamental : même si je suis un homme, j'ai des émotions.

Les émotions font partie de la vie. Dire que ça ne va pas, c'est humain.

Mais dans l'éducation que j'ai reçue ou dans la non-éducation on m'a appris qu'un homme ne devait pas montrer ça.

Chez nous, on appelle ça le charisme.

Sauf que ce charisme-là, surtout chez les Congolais, c'est souvent un *charisme aliénant*.

Il cache un mal-être profond, surtout chez les hommes.

On nous apprend à être charismatiques en permanence. Mais face à un deuil, face à un traumatisme, comment tu fais semblant d'être fort ?

Comment tu fais semblant de ne rien ressentir ?

Quand tu essaies d'expliquer ce que tu vis, même parfois à des femmes de ta propre communauté, on te répond : « Pourquoi tu pleures ? Pourquoi tu chouines ? »

Alors que tu es juste en train de

dire : « Voilà ce que j'ai vécu. Voilà ce qui me touche. »

Et c'est là que ça devient compliqué.

[INTERVENTION – Tabou M'Bleue]

Donc tu as dû désapprendre la violence pour ne pas la reproduire,

désapprendre la honte aussi. Te dire que oui, c'est humain d'exprimer ses blessures, surtout quand il s'agit de traumatismes vécus très jeune, et qu'il y a forcément des séquelles psychiques.

[LE TÉMOIN REPREND]

Oui.

Avec tous ces souvenirs et ces traumatismes, je me suis souvent demandé : comment est-ce que je vais éduquer mon enfant ?

Le peu de temps que j'ai vécu avec ma génitrice a aussi été violent.

C'est d'ailleurs l'une des raisons pour lesquelles je suis très critique.

Elle m'a accueilli chez elle avec son mari, et chacun avait un enfant « du dehors ».

La logique aurait voulu que chacun traite l'enfant de l'autre avec respect.

Mais ce qui s'est passé, elle battait la fille de son mari et lui me battait en retour.

Au final, on a fini par partir. On n'a pas grandi ensemble.

Donc j'ai connu la violence sur la violence.

Chez mon géniteur, c'était pareil : si tu n'apprenais pas comme il fallait, c'était la violence.

Je tremblais la nuit. Je dormais mal.

J'avais tout à réapprendre : lire, écrire, comprendre, m'adapter.

J'étais un enfant qui venait du fin fond du village.

Je n'avais jamais vraiment connu la capitale.

Même cette intégration-là, on ne me l'a pas laissée.

Et en plus, je refusais d'accepter Jésus comme « sauveur éternel ».

Alors c'étaient les coups de fouet.

J'ai connu une éducation uniquement basée sur la violence. Et pourtant, ça ne réglait rien.

Plus on me frappait, plus je résistais.

Je ne voulais pas aller à l'église. Je ne voulais pas me soumettre. Je ne parlais pas la langue comme on vou-lait.

La seule réponse qu'ils trouvaient, c'était encore plus de violence.

Alors un jour, je me suis posé cette

question : si j'ai un enfant, et qu'il fait quelque chose que je n'aime pas, qu'est-ce que je fais ?

Et c'est là que j'ai dû faire un énorme travail sur moi, avec cette femme incroyable qu'est ma psychologue.

Elle m'a appris quelque chose de simple, mais fondamental : *tu peux parler. Tu peux discuter. Tu n'es pas obligé de frapper pour exister.*

Question 12 : Comment tu vis ta vulnérabilité aujourd'hui ?

Est-ce que tu t'autorises à parler, à pleurer, à demander de l'aide ?

Réponse du témoin : Au début, c'était très, très compliqué.

J'ai appris avec le temps que la vulnérabilité, ce n'est pas quelque chose que tu offres à tout le monde.

Tout le monde n'a pas la même

capacité de réception. Et surtout, il faut *choisir les personnes avec qui tu peux être vulnérable.*

Parce que parfois, les gens se servent de ta vulnérabilité contre toi.

Et ça, je l'ai vécu.

Par exemple, mon ex-femme sait que je tiens énormément à mon fils.

C'est la chose la plus importante de ma vie.

Et c'est aussi la seule chose avec laquelle elle peut me faire du mal.

Elle a déjà dit : « Il ne fera rien. Son fils est là, il va rester. »

Donc oui, la vulnérabilité, c'est une force, mais mal placée, elle peut devenir une arme contre toi.

Aujourd'hui, je sais que parler, ce n'est pas mal. Mais il faut parler *aux bonnes personnes.*

Parce que certaines personnes voient la vulnérabilité comme une faiblesse.

D'autres peuvent s'en moquer. Et parfois, certains peuvent même l'utiliser pour te blesser.

C'est pour ça que, pour moi, la vulnérabilité, c'est quelque chose de très personnel.

Il y a aussi quelque chose que je ne comprends pas dans notre communauté : quand tu dis que tu vois un psychologue, les gens se moquent de toi.

Ils te trouvent bizarre.

Mais moi, je pense que nous, en tout cas nous, les Noirs, avec tout ce que nous avons vécu, avec nos histoires familiales, collectives, coloniales,

nous *avons besoin d'aide.*

Parler, demander de l'aide, ce n'est pas une faiblesse. C'est un travail nécessaire.

Parce que quand on n'effectué pas ce travail-là, ça crée des *cycles de violence.*

Par exemple : mon père m'a abandonné, donc moi aussi j'abandonne mon enfant.

Mais pourquoi refaire ça ?

Si ça t'a fait souffrir, pourquoi infliger la même souffrance à ton enfant ?

Ne pas déconstruire, ne pas soigner, ça entretient la douleur et la transmet.

Et c'est pour ça que je dis clairement : *on a besoin d'aide.*

Vraiment.

[INTERVENTION– Tabou M'Bleue]

Donc, tu n'as pas eu de blocage à demander de l'aide, notamment à consulter un psychologue. Tu t'auto-rises aujourd'hui à être vulnérable, à parler, à demander de l'aide, mais avec discernement, en faisant atten-tion à qui tu t'adresses.

[LE TÉMOIN REPREND]

Exactement.

Pour te dire la vérité, moi j'ai grandi au village.

Chez nous, il existe ce qu'on appelle le *mbongi.*

Le *mbongi,* c'est un espace de discussion collective. Et dans le *mbongi,* il y a ce qu'on appelle les *bankoko* : des femmes âgées vers qui tu peux aller parler. Tu peux discuter de tout et de rien, de la vie, des problèmes, des réalités.

C'est un espace où, enfant, on t'expose déjà à certaines vérités de la vie.

Puis, après la circoncision, tu passes du côté des hommes.

Là, ce sont les oncles, les anciens, qui te parlent de leurs expériences, de leur mariage, de leurs erreurs, de choses que tu n'imagines même pas.

C'est comme ça que j'ai compris l'importance du rôle d'un homme auprès de ses enfants.

À travers les anciens de mon village.

Mais aujourd'hui, ces espaces-là ont disparu.

Quand je suis arrivé en occident, avec tout ce que je portais, c'est exactement ce type d'espace qui me manquait.

C'est comme ça que je me suis tourné vers un psychologue.

Pour retrouver un lieu de parole. Un lieu où je pouvais déposer ce que j'avais vécu.

Mais ce que j'ai aussi compris avec le temps, c'est que la vulnérabilité, dans le monde dans lequel on vit aujourd'hui, est très complexe.

Tout le monde a des blessures. Mais au lieu de s'entraider, beaucoup de gens utilisent ce que tu confies pour te blesser.

C'est pour ça que certaines choses doivent être partagées avec précaution,

ou parfois travaillées dans des espaces sécurisés, plutôt que livrées à tout le monde.

Question 13 : Que ressens-tu face au mot « responsabilité masculine » dans la communauté noire ?

Réponse du témoin : Pour être honnête, il manque beaucoup d'hommes responsables.

Face à certaines choses que j'ai

traversées dans ma vie, je dirais
même que, souvent, les femmes
m'ont mieux compris que les hommes.

Il y a des sujets sur lesquels je me
sens plus à l'aise de parler avec une
femme qu'avec un homme.

Par exemple, quand mes cousins savent ce que j'ai vécu, ils me disent :

« Mais comment tu peux accepter ça
? »

Mais ils ne voient pas l'essentiel :
mon fils passe avant tout.

Ma plus grande fierté dans la vie, ce
n'est pas mon statut, ce n'est pas
l'argent, ce n'est pas l'image. Ma plus
grande fierté, c'est mon fils.

Réussir pour moi, ce n'est pas seulement réussir scolairement ou maté-
riellement.

Si je peux lui épargner les blessures
que je porte, les manques que j'ai

eus,

les failles qui viennent de mon histoire, alors j'ai déjà réussi quelque chose d'essentiel.

Même aujourd'hui, malgré la séparation avec sa mère, je suis présent dans la vie de mon fils. Je le prends souvent, je m'en occupe, je fais en sorte d'être là.

Et je l'ai dit à mon ex-femme : d'une manière ou d'une autre, « tu feras toujours partie de ma vie, jusqu'à ma mort. Pas par amour conjugal, mais *pour le bien de notre fils.* »

[INTERVENTION – Tabou M'Bleue]

Quand tu entends ce mot, responsabilité masculine, est-ce que ça te fait ressentir plutôt de la fierté, de la pression, de la culpabilité, de la fatigue, de la gêne ?

Quel est ton ressenti réel face à

cette notion dans la communauté noire, qui a une définition très précise de ce que doit être « un homme responsable » ?

[LE TÉMOIN REPREND]

Je dirais que nos aînés ont merdé. Et moi, je suis la suite de ça.

Il y a des moments où je ne sais pas toujours comment réagir, quelle est la bonne manière de faire.

Mais j'apprends.

J'apprends parce que la transmission n'a pas été faite correctement.

Je n'ai pas eu les bons exemples.

Même quand je regarde autour de moi, beaucoup de nos tontons ne sont pas des modèles.

Moi, je viens d'une famille congolaise. Et je ne peux pas comprendre certaines logiques.

Je ne peux pas comprendre qu'un homme soit en galère, mais préfère s'acheter du "yohji yamamoto" plutôt que de nourrir correctement ses enfants ou de payer leurs études.

Je ne comprends pas.

Quand une de mes tantes dit que son mari est irresponsable, je ne peux pas dire non. Elle a raison.

Quand, chez nous, un père dit à une mère : « Aza muana na yo » — « c'est ton enfant », parce que l'enfant a fait une bêtise, qu'est-ce que ça veut dire ?

Comment un père peut se déresponsabiliser comme ça, aussi facilement ?

Donc quand une femme dit que son mari ou son oncle est irresponsable, je ne peux pas le nier.

Mais en tant qu'homme, il y a des

choses qu'on aimerait voir s'améliorer,

et d'autres que, personnellement,
j'essaie d'améliorer moi-même.

Par rapport à mon fils, par rapport
au divorce que je traverse,

quand je parle avec mes frères ou
mes amis, c'est souvent compliqué.

Ils ont une vision très arrêtée,
parce qu'on nous a appris une *masculinité toxique*.

Comme si la responsabilité masculine
se limitait à : payer une pension ali-
mentaire, et basta.

Mais moi, je suis responsable du
bien-être de mon fils.

Il n'a rien demandé.

Quand ils me disent : « Si j'étais toi,
j'aurais laissé tomber »

je leur réponds : oui, je pourrais…

mais pas mon fils.

Je peux laisser tomber la relation, mais je ne peux pas abandonner mon enfant.

Aujourd'hui, je prends beaucoup sur moi pour mon fils, parce que sa mère traverse aussi des difficultés.

Mes frères me disent : « Pourquoi tu fais ça ? Faut la laisser, faut l'éduquer. »

Mais au bout de tout ça, la personne qui paie le prix, ce n'est pas elle,

c'est mon fils.

Et c'est là que je pense que nous, les hommes et particulièrement les hommes noirs avons failli.

Nous avons failli dans nos responsabilités envers nos enfants, envers nos progénitures, envers ce que signifie réellement être un homme responsable.

Question 14 : En tant que père, qu'est-ce que tu veux transmettre à ton fils, en un mot ?

Réponse du témoin : La fierté.

Être fier de qui il est, et surtout être *responsable de ses actes.*

Je veux être un père présent. Un père avec qui la discussion est possible.

Ce que je vois autour de moi, honnêtement, c'est souvent une catastrophe.

Beaucoup de choses sont gâchées.

Il y a des choses que nos parents, nos pères, nos oncles auraient dû nous apprendre, et qu'ils ne nous ont pas transmises.

Beaucoup d'enfants commettent des erreurs simplement parce qu'ils n'ont pas de lien réel avec leur père. Le père devient juste un homme qui habite là, qui paie le loyer, les factures, mais en dehors de ça... il n'y a rien.

Je ne veux pas de ça.

Je veux que mon fils se sente à l'aise.

Qu'il soit capable de venir me parler de tout et de n'importe quoi.

Qu'il sache que je ne suis pas parfait, mais qu'il a un *père*, pas seulement un « géniteur. »

Je veux jouer mon rôle de père correctement.

Comme j'essaie déjà de le faire avec mes cousins, mes petites cousines, avec les enfants de ma famille.

Être un homme présent. Assumer mon rôle.

Transmettre autrement.

VOLET 4 *L'amour et la lutte*

Question 15 : Que signifie pour toi «
aimer une femme noire » ?

Réponse du témoin : Pour moi, aimer
une femme noire, c'est déjà la logique des choses.

Je suis noir. Ma mère est noire.

Aimer quelqu'un qui ne me ressemble
pas, ça me paraît bizarre, tout simplement.

Tu sais, entre nous, beaucoup
d'hommes noirs disent parfois : «
Pour s'amuser, c'est mieux avec une
femme blanche. »

Mais honnêtement, pour moi, ça révèle surtout un *manque de confiance
en soi.*

La femme noire, elle a tout. Tout ce
que tu peux chercher, elle l'a. Il n'y a
aucun doute là-dessus.

Il faut juste être là. La rassurer.
Être présent.

Et pour moi, aimer une femme noire, c'est aussi un *acte militant*.

Aujourd'hui, je le vois comme un acte de fierté.

Un acte de cohérence.

Je ne veux pas être ce genre d'homme noir qui fuit sa communauté pour des raisons X ou Y.

Ça ne veut pas dire que toutes les femmes noires me correspondent.

Il y en a qui ne m'arrangent pas, je ne vais pas vers elles.

Et il y en a d'autres qui sont à mon goût, qui partagent mon paradigme, ma vision.

Il faut chercher, c'est tout.

Mais aller systématiquement vers une autre communauté, pour moi, c'est une faiblesse.

La femme noire que je ne trouve pas

au Congo, je la trouverai au Togo, au Gabon, aux Antilles, aux États-Unis… quelque part, il y a une femme noire qui correspond à ce que je suis et à ce que je cherche.

Donc aimer une femme noire, pour moi, c'est l'exemple.

C'est montrer l'exemple.

Aujourd'hui, j'ai un fils.

Il va avoir 5 ans dans quelques jours.

Si mon fils me voit fréquenter uniquement des femmes blanches,

comment veux-tu qu'il développe une attirance saine pour les femmes noires ?

Comment veux-tu que je lui dise : « Aime les femmes noires » alors que lui ne voit pas son père le faire ?

Il faut voir plus loin que soi.

Aimer une femme noire, pour moi,

c'est aussi la soutenir, être cohérent avec ses convictions, et essayer de réparer ce qu'on peut réparer.

Parce qu'il faut se le dire : il y a une part d'aliénation entre nous.

Mais malgré tout, je crois profondément à une chose : je ne serai jamais mieux compris que par une femme noire.

Ça peut mal se passer, oui.

Mais je serai toujours mieux compris.

Donc pour moi, aimer une femme noire, ce n'est pas une posture, ce n'est pas un slogan, c'est juste... la logique des choses.

C'est comme demander à un chien pourquoi il aime les chiens.

Parce que c'est un chien.

Il ne va pas aimer les canards.

Question 16 : As-tu déjà eu l'impression d'être en compétition ou en lutte contre elle, au lieu d'être à ses côtés ?

Réponse du témoin : Je dirais que... ça dépend.

Ça dépend vraiment des situations.

Il y a des choses que je soutiens complètement.

Avant, j'étais dans un soutien sans condition, sans réserve. Je défendais coûte que coûte.

Aujourd'hui, avec l'âge et l'expérience, j'ai plus de réserves.

Mais il y a aussi des choses que je ne soutiens pas.

Des comportements que je vois chez certaines femmes de ma communauté mes tantes, certaines sœurs et auxquels je n'adhère pas.

Avant, je les défendais malgré tout.

324

Aujourd'hui, je suis plus critique.

Parce que pour moi, malheureusement, l'homme noir n'est pas décons-truit… mais la femme noire non plus.

Et surtout sur les réseaux sociaux, je vois émerger une sorte de culte malsain, comme si la femme noire était devenue une figure sacrée, in-touchable.

Alors que dans nos familles, nous connaissons les réalités.

C'est notre vécu.

Quand on parle de violences ex-trêmes ailleurs les mutilations, les femmes cousues, ce qui se passe au Mali ou ailleurs ,oui, il faut dénoncer, sans hésiter.

Mais il y a aussi des réalités que nous vivons ici, en Occident, dans nos familles, avec nos mères, nos com-pagnes, nos sœurs.

Et celles-là, on n'en parle pas.

Parce que ce sont des femmes.

Et autour de ça, il y a un tabou malsain.

Et ce silence engendre beaucoup de
souffrance,

beaucoup de tristesse.

[INTERVENTION – Tabou M'Bleue]

Donc tu ressens parfois cette forme
de compétition ou de lutte contre
elle, au lieu d'être à ses côtés ?

[LE TÉMOIN REPREND]

En fait, quand quelque chose est
clair et juste, je suis à ses côtés,
sans hésiter. Mais sur certains
points, quand je trouve que ce n'est
pas juste,

je ne peux pas suivre.

Oui, il y a des femmes noires qui
sont malveillantes.

Il faut aussi oser le dire.

Personnellement, tu as peut-être vu mon évolution sur TikTok.

Avant, j'étais très tolérant, très soutenant. Aujourd'hui, je ne le suis plus de la même manière.

Il y a des comportements, des discours, que je refuse.

Des insultes gratuites, des propos absurdes, juste parce que la personne en face est un homme noir.

Ça, je n'accepte pas.

À partir de là, je ne peux pas avoir un discours complaisant.

Il y a une forme de braquage qui se crée.

Certaines femmes tiennent des discours ou ont des attitudes qui font que, même quand tu veux les soutenir, tu te retrouves bloqué.

Et c'est dommage !

Parce que oui, il y a des hommes noirs qui font des choses graves, qui doivent être dénoncées.

Mais il y a aussi des hommes noirs qui font des choses bien.

Quand tu mets tout le monde dans le même sac, quand tu insultes indistinctement, à un moment, ce n'est pas qu'on adhère à l'opposé, c'est simplement qu'on refuse cette manière de faire.

[INTERVENTION – Tabou M'Bleue]

Par rapport à cette question , si on parle maintenant des dynamiques de pouvoir, est-ce que selon toi l'homme et la femme noire sont plutôt en lutte ou plutôt côte à côte ?

[LE TÉMOIN REPREND]

Ça dépend beaucoup du contexte, et surtout de la culture.

Moi, par exemple, je vois aujourd'hui beaucoup de femmes de ma communauté dans une forme de soumission. Et cette soumission vient souvent de la religion.

Personnellement, je n'ai pas grandi avec des femmes soumises. Chez moi, la femme a toujours eu son mot à dire.

Culturellement, ma relation à la femme est très différente de celle que peut avoir, par exemple, un Malien avec sa femme simplement parce que nos cultures ne fonctionnent pas de la même manière.

Chez moi, ma grand-mère était cheffe de famille.

Ils étaient trois enfants : elle était l'aînée, mon oncle était au milieu, et c'est elle qui décidait.

L'héritage, les terres, l'organisation familiale, tout passait par elle.

Ma mère aussi est l'aînée de huit enfants. Rien ne se fait sans elle.

Aujourd'hui encore, en 2025, si
quelqu'un a besoin de cultiver une
terre, de régler une affaire familiale, c'est par ma mère que ça passe.

Donc pour moi, cette idée que la
femme doit être soumise, je ne l'ai
jamais intégrée.

[INTERVENTION – Tabou M'Bleue]

*Mais si on parle de manière générale,
toute l'Afrique n'est pas matriarcale.*

[LE TÉMOIN REPREND]

Bien sûr.

Je parle de *ma réalité à moi.*

Ça dépend vraiment de l'endroit où
tu te trouves.

Malheureusement, aujourd'hui, on
est entré dans une sorte de culte :
celui de la domination de la femme,

de son écrasement.

Et petit à petit, même dans des cultures où ces névroses n'existaient
pas,

on les intègre.

Pour moi, le vrai enjeu, c'est le *réveil*.

Réveiller les femmes, oui. *Mais surtout* réveiller les hommes.

Parce que nous sommes engendrés
par ces femmes-là.

Il y a des choses que je refuse caté-
goriquement.

Parce que je n'accepterais jamais
qu'on parle d'une certaine façon à ma
mère. Et si je ne l'accepte pas pour
ma mère, je ne peux pas l'accepter
pour une autre femme.

Donc il y a un travail à faire des
deux côtés.

Un homme qui comprend qu'une chose est injuste est un homme qui ne voudra pas la reproduire.

Mais le problème, c'est que nous ne sommes plus vraiment éduqués. On vit dans une culture de fast-food intellectuel. On s'éduque avec Internet, avec les images, avec la culture des autres.

C'est pour ça que revenir à ce que Kalala Omotunde appelait *nos humanités classiques*, c'est fondamental.

Quelle est la place de nos femmes ?

Quelle est la place de nos sœurs ?

Un homme qui réfléchit finit par comprendre que certaines choses ne vont pas. Et s'il comprend, il peut choisir de ne pas reproduire ces schémas dans sa propre famille.

Pour moi, le vrai combat est là : sensibiliser mes frères, et en même

temps sensibiliser mes sœurs à ne
pas accepter certaines choses.

Mais surtout sensibiliser les hommes
qui vont épouser nos sœurs,

pour qu'ils sachent qu'il y a des
choses à ne pas faire.

Un homme qui dit : « *Non, je ne veux
pas d'une femme soumise* » c'est
déjà un combat gagné.

Parce que dans son couple, il ne va
pas lutter pour dominer, il va chercher autre chose.

Et une femme éveillée peut aussi aider un homme à réfléchir,

à se poser des questions.

Parfois, il suffit qu'une femme demande : « *Est-ce que tu accepterais
ça pour ta mère ou pour ta sœur ?* »

et ça fait réfléchir !

[INTERVENTION – Tabou M'Bleue]

*Mais est-ce que ce n'est pas juste-
ment ça le problème ? Qu'on soit
obligé de toucher à la mère ou à la
sœur pour qu'un homme comprenne
que faire du mal à une femme n'est
pas normal ?*

[LE TÉMOIN REPREND]

C'est exactement là que l'éducation
est centrale.

Quand je te parlais de mon frère
tout à l'heure, s'il est intervenu, ce
n'est pas parce qu'il a réfléchi longtemps. Il a agi parce que culturellement et éducativement, il savait que
ça ne se faisait pas.

Mais un homme qui n'a jamais reçu
cette éducation de base, il ne se
pose même pas la question.

Et franchement, il y a des choses
que je vois aujourd'hui en Europe

qui m'écœurent.

Tu crois vraiment que ces jeunes de 12-14 ans dehors à 23h sont éduqués ?

Ces garçons exposés aux clips, aux images hypersexualisées, aux discours violents ?

[INTERVENTION – Tabou M'Bleue]

Donc ça voudrait dire que leurs parents eux-mêmes n'ont pas été éduqués ?

[LE TÉMOIN REPREND]

Exactement.

Merci, tu mets le doigt dessus.

L'enjeu, il est là : *l'éducation.*

Un garçon de 12-14 ans qu'on laisse dehors à minuit parce que « *c'est un homme* », c'est déjà un problème grave.

Parce que ce garçon, c'est le père de demain.

Et s'il a grandi dans les clips, la rue, la violence, il va reproduire ça chez lui.

C'est exactement comme ça que naissent nos drames familiaux.

Question 17 : Justement, quelle place les hommes devraient-ils occuper dans la guérison collective ?

Réponse du témoin : Une grande place. Une place centrale.

Dans tout ce que j'ai compris, même dans nos paradigmes anciens,

l'homme a un rôle fondamental à jouer.

Dans notre ADN culturel, on parle du mandala.

Le mandala, c'est la demande.

C'est une entité qui se demande à elle-même, qui se reproduit, qui crée un double d'elle-même.

On peut la considérer comme la Terre. Comme la mère.

C'est la femme qui crée. C'est elle qui engendre. C'est elle qui fait venir la vie au monde.

Dans cette logique ancienne, l'homme et la femme forment un duo originel ce que certains appellent le *Mahoungou*, les deux êtres complémentaires, équilibrés.

Les enfants viennent par la femme.

Mais l'homme, lui, est censé *protéger la civilisation qu'engendre sa mère.*

Quand on parle de « mère » ici, on parle à la fois de la mère biologique et de la femme, celle qui donne naissance, celle qui porte la continuité.

L'homme est censé protéger les enfants de cette mère, la structure qu'elle crée, la civilisation qu'elle engendre.

Mais si cet homme n'a pas été éduqué, s'il ne comprend même pas son rôle de protecteur, alors c'est le désordre.

Un ancien m'avait expliqué quelque chose que j'ai trouvé très beau.

Il m'a dit :

« L'homme noir est comme un fusil qu'une femme noire met au monde, mais qu'elle ne sait plus comment démonter. Et ce fusil finit par se retourner contre son propre camp. »

Et c'est exactement ce que nous vivons aujourd'hui.

Faute d'éducation, faute de transmission, on se sert de nous.

Et nous nous laissons faire.

Parce que beaucoup ont compris une chose : la meilleure manière d'attaquer la femme noire, c'est souvent de passer par son frère.

Et nous, nous tombons dans le piège, parce que nous n'avons pas compris les vrais enjeux.

Les vrais enjeux, ce n'est pas cette femme-là comme ennemie.

Parce qu'elle est la *base même de la civilisation.*

S'il n'y a pas de femme, il n'y a pas de civilisation. Il n'y a pas d'enfants. Il n'y a pas de futur.

Si nous ne protégeons pas cette mère-là, nous nous exposons nous-mêmes.

Si elle n'est pas protégée, nous ne sommes pas protégés.

Mais si nous la protégeons, elle peut engendrer d'autres générations fortes, d'autres hommes, d'autres femmes capables de protéger à leur tour.

C'est comme une fourmilière : quand la reine est protégée, la colonie se renforce.

Elle produit d'autres soldats, et tout le monde est en sécurité.

Mais si on attaque la reine, si on l'épuise, si on la fragilise, elle n'a plus le temps ni la force d'engendrer.

Et à ce moment-là, tout le monde tombe.

Pour moi, la guérison collective commence là : quand les hommes comprennent que protéger la femme noire, ce n'est pas la dominer, ce n'est pas l'écraser, mais *se protéger eux-mêmes* et protéger l'avenir.

Question 18 : Si tu devais te retrouver dans une salle avec d'autres hommes noirs, qu'aimerais-tu leur dire sur le lien avec les femmes noires ?

Réponse du témoin : Je leur dirais d'abord une chose simple : nous sommes tous blessés.

Nous portons tous des blessures.

Mais ces blessures ne doivent pas devenir des excuses pour faire du mal.

Nous avons la responsabilité de nous réparer.

Quand il s'agit de relations, de couple, de mariage, il faut se poser les bonnes questions. Pas seulement ce que nous voulons, mais aussi ce que nous souhaitons de bien pour nos sœurs, nos cousines, nos proches.

Si je parle souvent des sœurs et des cousines, ce n'est pas par hasard.

Parce que l'homme noir, quand il est bien éduqué, est très sensible à ce qui arrive à sa sœur.

Il y a des choses que tu

n'accepterais jamais qu'on fasse à ta sœur.

Alors dit toi une chose simple : la femme avec qui tu es, elle est la sœur de quelqu'un.

Est-ce que tu accepterais qu'on lui fasse ce que toi, tu fais parfois ?

On sait tous comment ça se passe.

Quand quelqu'un fait n'importe quoi avec ta sœur, ça peut partir très loin.

Très vite.

On est prêts à se battre, à entrer en guerre.

Alors mets-toi un instant à la place de la femme que tu fréquentes.

Elle aussi est la sœur de quelqu'un. Elle aussi est un être humain.

Cette réflexion-là, elle change beaucoup de choses.

Moi, personnellement, je me dis souvent une chose : dans les actes que je pose, j'espère que mes sœurs, mes cousines, tomberont sur des hommes capables de penser comme ça.

Je ne dis pas que j'ai toujours eu cette conscience.

Je ne dis pas que j'ai toujours bien agi.

Mais c'est un exercice que je fais aujourd'hui.

Un travail que j'essaie d'appliquer, dans mes relations, dans la manière dont je regarde les femmes, en me rappelant qu'elles sont toujours la sœur de quelqu'un.

Et que respecter une femme, c'est aussi espérer que quelqu'un respectera les femmes de ta propre famille.

Question 19 : As-tu déjà ressenti que, dans la lutte, les femmes étaient plus en première ligne que les hommes ? Si oui, pourquoi selon toi ?

Réponse du témoin : Oui. Très clairement.

Parce que, parfois, je trouve que les femmes noires comprennent mieux que nous les enjeux. Nous, les hommes noirs, on a souvent du mal à comprendre ce qui se joue réellement. On se laisse facilement utiliser, instrumentaliser. Il y a quelque chose qui ne va pas chez nous. Je ne sais pas si c'est uniquement lié à l'éducation, mais il y a un vrai problème.

J'ai souvent cette image : on est comme une passoire. Tout passe trop facilement. L'eau coule chez nous sans résistance. Il y a des choses devant lesquelles on devrait se lever, s'indigner, dire non. Des choses que d'autres communautés n'accepteraient jamais. Et nous, on laisse passer.

Tu vois, il y a des personnes comme avec lesquelles je ne suis absolument pas d'accord idéologiquement. Mais même là, il y a des limites. Quand je vois une jeune fille une gamine se faire insulter, humilier sur les réseaux, ça m'est insupportable. Peu importe ce qu'elle dit, peu importe ses erreurs. Il y a des choses qu'on ne fait pas. Il y a une question de dignité, de fierté humaine.

Je ne peux pas, par exemple, passer à côté de quelqu'un que je n'apprécie pas et qu'on tabasse et faire comme si de rien n'était. Ce n'est pas possible pour moi.

[INTERVENTION – Tabou M'Bleue]

Par exemple, une personnes comme

Dr House qui tient des propos disant
à une jeune fille « tu mériterais de
te faire prendre derrière un comp-
toir »...

[LE TÉMOIN REPREND]

Exactement.

Même si j'ai eu des désaccords avec
certaines femmes sur les réseaux,
jamais je ne pourrais adhérer à des
propos qui banalisent le viol ou la violence. Ce n'est pas mon genre. Il y a
des choses que je ne peux pas accepter.

Dire qu'une femme mérite d'être violée, même sous forme de provocation
ou de métaphore, c'est extrêmement
dangereux. Parce que nous sommes
un peuple issu du viol. Même si on ne
veut pas l'admettre.

Je suis né en Afrique, de père et de
mère congolais. Je connais ma lignée.
Et je sais que dans ma famille, il y a

eu des viols. Ma grand-mère me l'a appris très tôt. Je me souviens d'un de mes grands-oncles, parti se battre en Afrique du Sud. Quand il est revenu, il ne parlait plus. Pourquoi ? Parce qu'il avait été violé par le régime de l'apartheid. Ce sont des choses *TABOUES* mais réelles.

Le viol a été une arme coloniale. Et il est devenu aussi une arme dans nos conflits internes. En 1997-1998, quand une partie de ma famille a été massacrée, une de mes cousines, à peine adolescente, venait d'avoir ses règles, elle a été violée. J'ai vu ça. Le viol se faisait à côté des cadavres. Pour traumatiser. Pour détruire.

Avec tout ça, je ne peux pas entendre des hommes employer ce type de langage. Je ne peux pas recommander, même indirectement, ce genre de violence. C'est quelque chose qui me touche personnellement, profondément. Peut-être que c'est ma sensibilité, mais c'est comme ça.

Alors oui, quand je vois des femmes en première ligne dans la lutte, je comprends pourquoi. Parce que nous, trop souvent, on ne mesure pas la gravité de certaines paroles, de certains actes. Et pourtant, ce sont des lignes qu'on ne devrait jamais franchir.

Question 20 : Qu'aimerais-tu que les femmes noires comprennent de vous, les hommes noirs ?

Réponse du témoin : Je pense que, pour l'élévation de notre communauté, nous avons besoin de l'homme noir et de la femme noire.

Les autres peuples tirent leur force de cette alliance, d'une manière ou d'une autre.

Mais si je parle directement aux

femmes noires, ce que j'aimerais qu'elles comprennent de nous, c'est qu'il faut discuter.

Il faut de l'indulgence.

De l'indulgence parce que nous sommes des êtres faillibles.

Il faut le dire clairement.

Nous venons avec nos blessures, nos traumas, nos manques.

Quand un homme vient vers vous, il vient aussi avec des blessures anciennes.

Un homme qui, depuis l'enfance, a appris qu'il ne devait pas parler, qu'il ne devait pas pleurer, un homme qui se trimballe des frustrations héritées de générations entières…

c'est réel.

Quelque part, être en couple avec un homme noir, c'est aussi faire face à ça.

Et je pense que, parfois, il faut aider cet homme à se soigner.

À se guérir de lui-même.

Parfois même à se protéger de lui-même.

À sortir de cette fierté malsaine qu'on nous a apprise.

Ce qu'on appelle chez nous le « charisme », mais qui est souvent un *charisme malsain*.

Alors oui, ce que je dis peut paraître cruel ou paradoxal.

Parce que je sais bien que vous ne cherchez pas un enfant à rééduquer.

Vous cherchez un compagnon, un mari, pas un fils.

Mais parfois, pour votre propre bien-être, rééduquer l'homme avec qui vous êtes devient une question de survie émotionnelle.

Question – Tabou M'Bleue : *Et à l'inverse, qu'aimerais-tu que les hommes comprennent enfin des femmes noires ?*

Réponse du témoin : Que beaucoup d'entre elles portent des responsabilités qui ne sont pas les leurs.

Et que, pour leur bien à elles, nous devons être un soutien honnête, pas un poids supplémentaire.

Il faut arrêter de ne voir que la beauté.

Oui, la femme noire est belle.

Mais la vraie question, c'est : qu'est-ce que j'apporte à cette femme-là ?

Comment je peux la soutenir ? Comment je peux l'aider concrètement ?

Souvent, on est émerveillés par l'apparence, mais on ne s'intéresse pas vraiment à leurs blessures, à leurs maux, à ce qu'on peut faire pour les soulager.

Les blessures sont là.

Elles ne disparaissent pas.

On vit avec des cicatrices.

Mais on peut apprendre à avancer
sans les rouvrir.

Je le dis aussi avec recul et humilité
: j'ai moi-même négligé certaines
blessures chez la femme que j'aimais. Je ne les ai pas prises au sé-
rieux.

Et ça a engendré des choses doulou-
reuses.

Peut-être que j'aurais dû donner plus
de temps.

Peut-être que j'aurais dû prendre
plus soin d'elle sur ce plan-là.

Peut-être que, pendant que je me
soignais moi, j'aurais dû l'aider à se
soigner elle aussi.

Aujourd'hui, mon approche est différente.

Je suis plus présent dans cette dimension de guérison.

Avant, je me concentrais surtout sur le professionnel, la réussite, l'évolution extérieure. Et j'ai négligé ce qu'on pourrait appeler l'enfant blessé à l'intérieur.

Aider la femme qu'on aime, c'est aussi l'aider à soigner cet enfant-là en elle.

L'enfant qui a été blessé.

La soulager face aux micro-agressions quotidiennes.

Parce que nous vivons dans une société patriarcale.

Et c'est un fait : les femmes noires subissent des choses que nous, hommes noirs, ne subissons pas.

Ça aussi, il faut le reconnaître.

MOT DE CLÔTURE – PAROLE AUX FRÈRES

Question 21 : Et pour finir, la dernière question : Si tu devais laisser une phrase, ou quelques mots, pour ce chapitre dédié « À nos frères, sans condition, mais pas sans exigence », qu'est-ce que tu dirais ?

Réponse du témoin : Je dirais : soignons-nous.

Soignons-nous pour pouvoir nous aimer sans condition, mais pas sans d'exigence.

Chacun doit prendre le temps de se soigner.

Essayer de guérir de ce qui nous empêche d'avancer.

De ce qui nous empêche de voir le mal que nous générons autour de nous.

Parce que je considère que beaucoup

d'entre nous, les hommes, ont déve-
loppé des comportements de ser-
pent.

Des comportements où l'on engendre
des enfants sans s'en occuper, où l'on
engendre des blessures, des drames,
où l'on fait du mal sans penser aux
conséquences.

Pour éviter ça, il n'y a qu'une solution
: *se soigner.*

Se responsabiliser en se soignant.

Pour moi, c'est avant tout une guérison mentale.

Il y a un vrai problème mental chez
nous, et ce problème-là, on doit enfin oser le regarder.

On doit aussi s'intéresser réellement
à la vie de nos partenaires.

À toutes les sphères de leur existence.

Pas seulement à ce qu'elles donnent,

mais à ce qu'elles vivent.

Moi, aujourd'hui, je le dis clairement : avant de me remarier, je demande-rai un test psychologique.

Parce qu'il y a des choses que je ne veux plus revivre.

Et parce que beaucoup de violences existent simplement

parce que nous n'avons jamais traité nos propres blessures.

Voilà !

Clôture – Tabou M'Bleue

C'était profondément intéressant.

Merci pour ta confiance, vraiment.

Ton témoignage servira à montrer à nos frères, mais pas seulement, que les hommes noirs réfléchissent, res-sentent, et peuvent se remettre en question.

Et que c'est ensemble que nous

pouvons réécrire nos dynamiques,
nos prismes, nos mœurs, et nos rela-
tions mutuelles.

Merci pour ce moment d'échange
riche et nécessaire.

✦ Mini conclusion

Ce témoignage dit quelque chose de
profondément vrai et inconfortable
à la fois : la profondeur des blessures masculines noires, leur héritage traumatique, et le désir sincère
de certains hommes de ne plus reproduire la violence.

Il révèle une parole rare : celle d'un
homme qui ose nommer ses failles,
ses manques de transmission, son
travail thérapeutique, et la nécessité de se soigner pour ne pas détruire ce qu'il aime.

À plusieurs reprises, ce témoin affirme une chose essentielle : *un*
homme ne peut pas entrer dans un

couple sans avoir engagé son propre
travail de guérison, au risque de devenir une charge émotionnelle, psychique et affective pour la femme
qui partage sa vie.

Cette conscience est importante.
Elle marque une rupture avec la virilité silencieuse, fuyante, irresponsable.

Mais ce témoignage met aussi en lumière une tension que je ne peux pas
ignorer.

Car dans le même mouvement, persiste l'idée parfois exprimée, parfois
sous-entendue que la femme noire
pourrait, par l'amour, la patience ou
la compréhension, participer à la «
rééducation » de l'homme blessé.

Or c'est précisément là que se rejoue un déséquilibre ancien.

Si la guérison des hommes noirs est
indispensable à l'élévation collective,

elle ne peut pas reposer sur le dos des femmes noires.

Aimer n'est pas soigner. Être compagne n'est pas être thérapeute.

Être femme n'est pas devenir un espace de réparation pour des blessures non traitées.

Les femmes noires ont déjà trop souvent été sommées de comprendre, de contenir, de réparer, d'excuser au nom de l'amour, de la communauté ou de la survie collective.

Elles ont payé cette injonction par l'épuisement, le silence et parfois l'effacement.

Ce témoignage montre donc à la fois une prise de conscience et une limite.

Il ouvre une voie, sans l'avoir encore totalement traversée.

La responsabilité masculine ne commence pas dans la demande d'indulgence, mais dans le *choix autonome et exigeant de se soigner*, de chercher de l'aide hors du couple, de rompre avec la fierté toxique héritée, et de ne plus faire de l'intimité un lieu de dépôt des traumatismes non réglés.

Ce témoignage n'est ni une excuse, ni un manifeste achevé.

C'est un *moment de bascule*.

Un appel à une guérison masculine consciente, volontaire et responsable condition nécessaire pour que la relation ne soit plus un lieu de survie, mais enfin un espace de rencontre réelle.

Non plus entre une femme qui porte et un homme qui dépose, mais entre deux êtres debout, lucides sur leurs blessures, et déterminés à ne plus les transmettre. Tabou M'Bleue

Chapitre 6

Parler, c'est déjà résister : les mots qu'on nous a volés

On dit souvent que les femmes noires sont « trop bruyantes », « trop cash », « trop en colère ».

Cette caricature est pratique : elle évite d'admettre qu'historiquement, notre silence n'a jamais été libre.

Il a été dressé, discipliné, marchandé comme une caution de respectabilité.

Dans The Transformation of Silence into Language and Action, **Audre Lorde** pose la question sans détour :

> « Nous avons appris à nous taire pour survivre, mais à quel prix ? »

362

À l'époque de l'esclavage, prendre la parole pouvait signer une mise à mort.

Au temps de la colonisation, parler sa langue, dire son histoire, raconter ses traumas, revenait à porter l'étiquette de « sauvage ».

Dans nos familles, encore aujourd'hui, le mutisme est brandi comme une stratégie de cohésion :

« On lave le linge sale en famille ou plutôt on le laisse moisir sous le tapis pour que la maison ait l'air propre. »

D'un point de vue sociohistorique, **bell hooks, Carter G. Woodson** ou encore **Joy DeGruy** rappellent que le silence est un dispositif de contrôle :

- Contrôle racial, quand l'oppresseur interdit la mémoire.

- Contrôle sexuel, quand la

femme noire est forcée d'encaisser l'humiliation pour protéger l'homme noir du regard
blanc.

- Contrôle psychologique, quand
le patriarcat communautaire
lui intime de « ne pas exagérer
» pour ne pas « nuire à la cause
».

Et là, on touche à l'ironie cruelle : le
silence de la femme noire est vendu
comme une force.

La fameuse « Strong Black Woman »
qu'on applaudit sur les affiches de
campagne mais qu'on abandonne
quand sa gorge se ferme à force
d'avoir tout avalé.

Une forteresse, oui, mais fissurée
de l'intérieur.

C'est là que **l'Offrosorisme se loge
aussi** : dans cette offrande muette,
cette habitude à se taire pour

maintenir la paix, à ravaler la douleur pour préserver le collectif, à sacrifier ses mots pour ne pas déranger.

Ce concept ne désigne pas seulement les actes : il parle aussi des silences que l'on s'impose.

Et il est temps de les briser.

Les tabous, eux, sont des complices fidèles.

Ils s'infiltrent partout : sexualité jugée sale ou « trop libre », blessures d'enfance planquées dans le placard, violences conjugales étouffées pour ne pas « diviser la communauté ».

Et pour celles et ceux qui osent dire : « Mais parler, ça ne change rien… » rappelons que le silence est l'oxygène de la domination.

Les colonisateurs ont bien compris qu'il suffisait de couper les langues pour déraciner un peuple entier.

Aujourd'hui, c'est plus subtil : c'est nous convaincre que nos douleurs ne méritent pas d'être dites, ou que nos mots sont « trop radicaux » pour être écoutés.

Or, la parole n'est pas une coquetterie. C'est une fissure dans le mur du système. Une voix qui refuse de crever en murmurant, ça coûte cher à l'ordre établi.

Joy DeGruy, dans Post Traumatic Slave Syndrome, le formule ainsi :

> « Le mutisme de la femme noire est un héritage colonial et patriarcal. Parler, c'est déjà contester la narration qui nous réduit. »

Voilà pourquoi ce chapitre va désosser nos silences, nos peurs d'être « trop », et célébrer chaque prise de parole comme une insurrection douce, parce qu'il n'y a rien de plus dangereux pour un système de contrôle que des femmes noires qui écrivent, slament, vocifèrent, rient de leurs oppresseurs et passent le micro aux générations suivantes.

Ceci n'est pas qu'une page : c'est une bouche ouverte, une langue arrachée à la censure.

Et si ça pique ? Tant mieux. Qu'ils s'étouffent avec nos mots.

1. Les silences, les tabous

✦ Un silence qui n'est pas un accident

« Ne fais pas de vagues. Ne lave pas ton linge sale en public. »

Combien de fois ces phrases ont-elles scellé la gorge des femmes noires ? Historiquement, le silence a été martelé comme un outil de survie mais pour qui, au juste ? Pour la communauté ? Pour protéger des hommes brisés mais intouchables ? Pour préserver une image de respectabilité devant le regard blanc ?

Carter G. Woodson met en lumière cette logique de domestication psychologique :

> « L'esclave n'avait pas besoin de chaînes pour rester dans sa place ; la peur et la honte suffisaient à le maintenir muet. »

The Miseducation of the Negro (1933)

Ce schéma n'a jamais disparu. Aujourd'hui encore, le silence est présenté comme une « sagesse », un « code de loyauté ». Mais il n'est qu'un héritage de contrôle racial et patriarcal, habillé de jolis proverbes.

✦ Les tabous : où se cache la censure ?

Sexualité

Le premier tabou est souvent sexuel. Le corps de la femme noire a été hypersexualisé pendant des siècles, mais sa parole sur ses désirs, ses blessures, ses viols reste un trou « blanc ».

bell hooks note:

> « L'histoire du viol des femmes noires est l'histoire la plus tue de l'Amérique. » Ain't I a Woman (1981)

Et pourtant, ce silence ne concerne pas que l'histoire coloniale. Il traverse encore nos familles, nos communautés, nos églises, nos mosquées, nos temples, nos cercles militants. On peut rire de sexualité en groupe, blaguer sur la « femme chaude »,

mais quand une sœur dit « j'ai mal »,
« j'ai été agressée », « je n'ai pas de
désir » alors là, silence total.
Pourquoi ? Parce que la sexualité des
femmes noires n'a jamais été pensée
comme une subjectivité, mais comme
une fonction :

- Fonction de reproduction : enfanter pour le maître hier, enfanter pour « perpétuer la lignée » aujourd'hui.
- Fonction de plaisir... des
  autres : colon, mari, militant,
  consommateur de porno, mais
  rarement soi-même.
- Fonction de sacrifice : taire
  ses douleurs gynécologiques,
  minimiser les violences conjugales, rester « forte » même
  quand la sexualité devient un
  terrain de trauma.

Dorothy Roberts, dans Killing the

Black Body (1997), montre comment
la sexualité et la reproduction des
femmes noires ont été instrumenta-
lisées comme un champ politique de
contrôle : stérilisations forcées, injonctions à « faire des enfants pour
la nation », surveillance des ventres
et des désirs.
Et dans nos communautés, qu'en
reste-t-il ?
Des injonctions contradictoires qui
lacèrent nos chairs :

+ Sois désirable mais ne parle
  pas de ton plaisir.
+ Sois féconde mais ne parle pas
  de tes règles hémorragiques.
+ Sois « pure » mais tais les
  viols, même familiaux, pour ne
  pas salir le nom des hommes.

Résultat : la sexualité des femmes
noires est soit un spectacle, soit une
honte. Rarement une expérience

vécue et reconnue.

Ntozake Shange écrivait déjà :

> « Somebody almost
> walked off wid alla my
> stuff. »
> (« Quelqu'un est presque
> parti avec tout ce qui
> m'appartenait. ») colored
> girls... (1975)

Elle parlait de ce vol constant : du corps, du désir, de la voix. Briser ce tabou, ce n'est pas seulement parler de sexualité. C'est rendre à nos ventres leur dignité. C'est dire que jouir ne constitue pas un crime. Que refuser n'est pas une trahison. Que parler du viol, de l'inceste, du trauma sexuel n'est pas « diviser la communauté » mais au contraire la sauver d'un poison qui la ronge de l'intérieur. Tant que le sexe des femmes noires sera une scène coloniale ou un champ de silence, nous serons des ombres dans nos propres corps. Mettre des mots sur la sexualité, c'est la première insurrection.

Mais le silence ne s'arrête pas au désir ou au viol.

Il descend plus bas, dans nos ventres, dans nos cycles, dans nos matrices.

Parce que parler de sexualité, c'est déjà tabou.

Mais parler de règles, de fibromes, d'endométriose, de fausses couches ça, c'est presque un blasphème.

On nous apprend à taire ce sang, à cacher ces douleurs, à supporter en silence.

Comme si nos utérus n'étaient que des usines à reproduction, pas des sanctuaires vivants.

✦ Règles, ventres et maladies passées sous silence

Un autre tabou, tout aussi meurtrier, c'est celui des règles et des maladies gynécologiques.

On peut parler de sexualité de manière salace, ironique, exotique… mais quand une sœur dit « mes règles me clouent au lit », « j'ai des fibromes », « j'ai mal pendant l'amour » c'est l'omerta.

Pourquoi ? Parce que dans l'imaginaire colonial et patriarcal, le corps des femmes noires doit être productif et disponible. Pas question qu'il soit fatigué, malade, douloureux.

Nos utérus doivent enfanter, point. Pas saigner trop. Pas crier. Pas réclamer de soins.

En Afrique, dans les Caraïbes, en Europe, des générations de femmes noires ont grandi sans vocabulaire pour dire leurs douleurs menstruelles. On parle de « malédiction », de « honte », de « punition d'Ève ». On cache les serviettes hygiéniques.

374

On tait les fausses couches. On se
tait quand les médecins disent : «
C'est normal, madame, toutes les
femmes ont
mal. »

Pourtant, les chiffres parlent :
+ Les femmes noires souffrent
  davantage de fibromes utérins
  (jusqu'à 80 % d'entre elles à
  50 ans selon l'American Journal of Obstetrics, 2013).
+ Elles sont plus touchées par
  les formes sévères d'endométriose, mais moins diagnosti-
  quées.
+ Elles sont encore victimes de
  racisme médical : en France
  comme aux États-Unis, leurs
  douleurs sont minimisées, leurs
  saignements jugés « exagérés
  », leur demande de soin sus-
  pectée d'« hystérie ».

Saidiya Hartman, dans Lose Your Mother (2007), parle de « la douleur héritée » : des siècles de violences inscrites jusque dans nos matrices. Nos ventres ne portent pas seulement des enfants : ils portent la mémoire des viols esclavagistes, des avortements forcés, des stérilisations imposées, des cycles saignants ignorés.

Queen Afua le répète :

> « Nos matrices sont les trônes de notre pouvoir. Si elles saignent dans l'indifférence, c'est notre lignée entière qui s'affaiblit. » *Sacred Woman,* (2000)

Tant que parler de règles ou de fibromes restera honteux, les femmes noires continueront à souffrir

seules. Lever le tabou, c'est reprendre le contrôle sur nos ventres,
nos cycles, nos lignées.

Le tabou n'a pas de frontière : il contrôle à la fois notre plaisir et notre
douleur.

Il nous interdit de dire « j'ai envie »
autant que de dire « j'ai mal ».

Il étouffe nos cris de désir comme
nos cris d'endométriose.

Il surveille nos ventres quand ils en-
fantent, mais détourne les yeux
quand ils saignent.

Ce double silence n'est pas un hasard
: c'est un système.

Parce qu'une femme noire qui parle
de son plaisir menace l'ordre patriarcal, et une femme noire qui parle de
sa douleur menace l'ordre médical et
social.

Briser ce silence, c'est donc plus
qu'un acte intime : c'est une insurrection politique.

✦ Violences intra-communautaires

Troisième tabou : les violences commises par « nos frères ». Celles dont on ne parle jamais à voix haute, de peur de nourrir les fantasmes racistes. On nous apprend à protéger l'image de « l'homme noir », même quand cet homme nous détruit.

Résultat ? La femme noire est doublement victime : agressée, puis muselée pour « ne pas salir la cause ». Ce bâillon n'est pas un hasard.

Il est hérité d'une longue histoire où la réputation des hommes noirs a été salie par le racisme. Dans ce contexte, reconnaître leurs violences devient presque un « crime de trahison ».

Mais qui paye le prix de cette loyauté forcée ?

Ce sont nos corps, nos vies, nos

psychés.

Amos Wilson l'explique avec clarté :

> « Le patriarcat noir est une copie coloniale. Tant que nous refusons de l'admettre, nous légitimons le sacrifice de nos femmes au nom d'une solidarité illusoire. » *Black-on-Black Violence* (1990)

En d'autres mots : on veut sauver l'homme noir des griffes du racisme... mais à quel prix ? Si ce prix, c'est la destruction des femmes noires, alors ce n'est plus une libération : c'est une répétition des logiques coloniales.

Et quand on parle enfin, que se passe-t-il ?

On nous traite de « traîtres », de « féministes blanches », de «

complices du système ».

On nous accuse de diviser la communauté.

Mais qui divise vraiment ?

Celles qui dénoncent, ou ceux qui frappent, violent, humilient en silence ?

bell hooks l'avait déjà vu clair :

> « Le silence imposé aux femmes noires pour protéger les hommes noirs ne fait que perpétuer leur domination. »
> *Ain't I a Woman* (1981)

Alors oui, ce tabou est peut-être le plus lourd à briser. Parce qu'il nous met face à nos propres contradictions : protéger nos frères ou protéger nos vies ?

Mais la vérité est simple : une

communauté qui demande à ses femmes de mourir en silence pour sauver son image est déjà une communauté morte.

Briser ce tabou, c'est refuser le deal colonial.

C'est dire : nous ne serons pas les boucliers sacrificiels d'hommes qui refusent de regarder leur propre violence.

C'est dire : aimer nos frères ne signifie pas couvrir leurs crimes.

C'est dire : la libération des hommes noirs ne peut pas se construire sur le dos des femmes noires.

✦ Quand le viol se cache sous le drapeau afrocentré

Et le plus douloureux, c'est que même dans nos collectifs censés être des espaces de libération, le viol est présent. Dans des cercles afrocentrés, panafricanistes, kemite ou rastas, des hommes utilisent la cause comme paravent. Ils se présentent comme « gardiens de l'Afrique », mais dans l'intimité, ils reproduisent la domination coloniale, sur leurs sœurs.

Ils invoquent Kemet, Garvey, Sankara, pendant que leurs mains contrôlent, forcent, imposent.
Et que se passe-t-il quand une sœur ose parler ?

On lui dit : « Tais-toi, ça fera du tort au mouvement. »

On lui demande de se sacrifier encore une fois, de porter la honte seule pour que « la cause » ne soit pas éclaboussée.

On la transforme en ennemie intérieure, en « sœur manipulée par le féminisme occidental ».

Voilà le piège : on nous fait choisir

entre loyauté à la communauté et loyauté à nous-mêmes.

Mais le prix de ce silence est trop élevé.

Chaque viol étouffé est une fissure dans le socle du collectif. Chaque sœur sacrifiée au nom de « l'image » est une pierre en moins dans la maison qu'on dit construire pour l'Afrique.

bell hooks (1990) l'a écrit :

> « Il n'y a pas de libération collective sans la libération des femmes noires dans leurs corps et leurs vies intimes. »

✦ Témoignage anonyme Cercle T.A.B.O.U 2023
« J'ai cru trouver une famille dans ce collectif afrocentré.
On parlait d'Afrique, de retour aux

sources, de femmes reines, de guérison.

Alors quand « le frère » m'a proposé
de m'accompagner après une réunion
tardive, je n'ai pas eu peur.

Dans sa bouche, les mots Kemet et
Sankara sonnaient comme des pro-
messes de respect.

Mais cette nuit-là, ses mains n'ont
rien respecté.

Elles ont pris. Elles ont forcé.

Et moi, j'ai eu le réflexe de me dire :
*ne crie pas, ne résiste pas trop, si-
non* tu deviendras celle qui détruit le
mouvement.

Le lendemain, j'ai voulu parler.

Une sœur m'a dit : « Tu sais bien... Si
tu racontes ça, on va dire qu'on est
divisées, que le féminisme occidental
t'a lavé le cerveau. »

Un frère m'a dit : « Ne salis pas la
cause. On a besoin de figures fortes,
pas de scandales. »

Alors j'ai fermé ma bouche.

J'ai porté ce poids seule, comme
tant d'autres avant moi.
Et chaque fois que je les vois scan-
der « Afrique unie ! », j'entends encore ma voix muette dans cette
chambre fermée.
Je ne sais pas ce qui fait le plus mal
aujourd'hui : son corps sur le mien,
ou le silence de toute une communauté. »

**✦ Le silence, complice des vio-
lences**

Le silence n'est pas neutre. C'est une
arme.

Il étouffe les victimes, mais il gan-
grène aussi les luttes.

En ne dénonçant pas, on entretient
l'illusion d'un mouvement fort alors
qu'il est déjà fracturé.

En couvrant les violeurs « afrocentrés », on envoie un message clair :

la cause compte plus que la vie des femmes.

Mais de quelle cause parle-t-on si elle se nourrit de nos cadavres psychiques et physiques ?

Une communauté qui refuse de regarder ses propres démons n'est pas prête pour l'autodétermination.

Parce qu'on ne peut pas bâtir l'Afrique libre sur des ventres bâillonnés.

L'Afrique libre ne naîtra pas sur nos cadavres, mais sur nos voix libérées.

✦ Émotions « pas polies »

Quatrième tabou : nos émotions.

Pas celles qui arrangent, celles qui débordent.

Être triste ? On nous dit qu'on dramatise.

Être en colère ? On devient la «

Angry Black Woman ».

Être jalouse ? On nous accuse de petitesse.

Être vulnérable ? On nous traite d'immatures.

Être joyeuse, trop joyeuse ? On nous soupçonne de frivolité.

Être fatiguée ? On nous dit paresseuses.

Même le désir s'il s'affiche trop fort est suspect.

Joy DeGruy, dans , rappelle que cette pression à l'invulnérabilité est un legs du traumatisme colonial :

« On nous a appris à contenir nos larmes, parce qu'un esclave qui pleure ralentit le travail. » Post Traumatic Slave Syndrome (2005)

Mais ce n'est pas seulement une contrainte extérieure.

C'est aussi l'Offrosorisme qui s'installe : nous sacrifions nos propres émotions pour protéger les autres.

On ravale nos colères pour « ne pas accabler nos frères ».

On étouffe nos larmes pour « ne pas affaiblir la cause ».

On cache nos désirs pour « ne pas salir la réputation des femmes noires ».

Autrement dit : on s'efface pour maintenir l'illusion d'un collectif solide même si cet effacement nous détruit.

Ce silence émotionnel ne reste pas dans l'air : il se loge dans nos corps.

Fibromes, insomnies, maux chroniques, hypertension : nos organes hurlent ce que nos bouches taisent.

Le prix du « self-control » qu'on nous impose, c'est notre santé.

Et si la colère était un langage politique ?
Et si la tristesse était une archive ?
Et si la joie, le désir, la fatigue étaient des droits, pas des fautes ?
Nos émotions « pas polies » sont nos cartes de route.

Audre Lorde nous l'a dit :

> « Mes émotions sont des cartes de route. Elles me montrent où je suis et où j'ai besoin d'aller. » Uses of the Erotic, 1984

Alors non, nous n'avons plus à les censurer.

Chaque larme, chaque rire trop fort, chaque tremblement de désir est une fissure dans le mur du contrôle.

✦Témoignage anonyme cercle TA-BOU : « On m'a appris à me taire.

À fermer ma bouche quand je voulais raconter ce qu'il m'avait fait.

À sourire à la table familiale comme si la nuit d'avant n'avait pas existé.

À me dire que c'était pire ailleurs, que j'exagérais.

J'ai mis vingt ans à dire que j'avais mal.

Et quand j'ai parlé, on m'a dit : « Pourquoi remuer ça maintenant ? »

Maintenant ? Parce qu'il n'y a plus jamais de bon moment pour déranger.

✦ Mini conclusion

Le sexe, règles, ventres et maladies passées sous silence, la violence intra-communautaire, les émotions :

ces quatre tabous sont les piliers
d'un même système.

Un système où nos corps et nos voix
sont constamment surveillés, cadrés,
muselés.

Et c'est là que l'Offrosorisme agit
avec le plus de force : il nous pousse
à sacrifier nos vérités pour protéger
les autres.

Sacrifier nos paroles pour protéger
nos frères.

Sacrifier nos désirs pour protéger
l'image de respectabilité.

Sacrifier nos blessures pour protéger la « cause ».

Sacrifier nos émotions pour protéger l'illusion de force.

Mais chaque sacrifice nourrit l'oppresseur, pas notre libération.

Et chaque silence coûte une vie, une
santé, une mémoire.

Alors briser ces tabous n'est pas un luxe, ni une vengeance.

C'est une exigence de survie.

C'est dire : nous n'avons pas à mourir dans nos lits, nos ventres, nos gorges, pour que d'autres puissent marcher droits.

Nos tabous, une fois nommés, deviennent des armes.

Nos voix, une fois libérées, deviennent des refuges.

Nos émotions « pas polies » deviennent des chants.

Et nos corps, une fois réhabités, cessent d'être des champs de bataille pour redevenir des terres sacrées.

2. *Trop radicale, trop vulnérable, trop égoïste : les mots qu'on n'a pas le droit de dire pleinement*

✦ Le « trop » dans l'espace militant : quand l'excès devient soupçon

C'est un comble que dans les cercles dits « éveillés », le fait d'être entière trop franche, trop émotive, trop radicale devienne presque suspect. On célèbre officiellement l'authenticité, la vérité, l'affirmation de soi… mais seulement dans les limites de ce qui ne dérange pas l'ordre affectif établi.

Tu pleures publiquement une trahison ? Trop vulnérable.

Tu dénonces les violences sexistes dans le cercle ? Trop émotionnelle.

Tu refuses de partager l'espace avec celui qui t'a humiliée ? Trop rancunière.

Tu oses parler de plaisir, de jouissance, de ton utérus ? Trop sexuelle.

Tu refuses de porter tout le monde
sur ton dos au nom du « wakisme » ?
Trop égoïste.

**C'est ainsi qu'on sabote les voix les
plus lucides.**

On les réduit au silence sous couvert
de régulation émotionnelle ou de dis-
cipline politique. On appelle ça « gestion des tensions », mais souvent,
c'est juste un mot poli pour bâillonner celles qui dérangent.

bell hooks le dit clairement dans :

> « Parler, pour une femme
> noire, c'est un acte de
> résistance. Trop souvent,
> nous sommes punies non
> pour ce que nous faisons,
> mais pour ce que nous di-
> sons ou refusons de
> taire. » Talking Back (1989)

ou encore

bell hooks :

> « Les femmes noires
> sont punies lorsqu'elles
> osent dire ce qu'elles
> pensent, surtout si ce
> n'est pas ce que l'on at-
> tend d'elles. » Talking Back,
> 1989

✦ Ce que le « trop » révèle sur notre société militante

Ce soupçon permanent à l'égard des femmes noires qui parlent fort, qui aiment intensément, qui refusent la tiédeur politique... trahit une peur plus large : **celle de voir émerger un pouvoir qui ne demande plus la permission.**

Dans la pensée kemite, la Maât représente l'équilibre, la justice, mais pas l'aseptisation. La vérité est un feu sacré, pas un encens relaxant.

Maât ne dit pas : « Ne fais pas

**de vagues ». Elle dit : « Rétablis
l'ordre cosmique là où règne l'injustice ».**

Et parfois, rétablir l'ordre exige de
tout renverser.

Alors pourquoi, dans des espaces qui
se réclament de cette mémoire panafricaine, Panakemite ou autre,
exige-t-on des femmes qu'elles se
contentent d'être « modérées » ?

Parce que même là, le patriarcat a
contaminé l'héritage.

On veut bien des prêtresses, mais
silencieuses.

Des femmes puissantes, mais pas
trop visibles.

Des piliers, mais pas des colonnes qui
portent trop haut.

Comme l'écrit la psychologue afro-
américaine **Thema Bryant-Davis**
dans :

> « Les femmes noires ap-
> prennent à dissimuler
> leurs besoins émotion-
> nels pour éviter d'être
> jugées instables ou in-
> grates. Ce camouflage
> est un acte de survie,
> mais aussi une perte de
> soi. » Thriving in the Wake of
> Trauma (2015)

Et la pression est d'autant plus forte quand on est dans des cercles dits « éveillés » ou « conscients ». Parce que si tu parles trop de toi, tu « casses l'énergie du groupe ». Si tu refuses une charge émotionnelle, tu « manques de sororité ». Si tu es en colère contre un homme noir, tu es « une vendue du système ».

Dr Amos Wilson le soulignait :

> « Le contrôle émotionnel
> imposé aux opprimés vise
> à préserver l'illusion

Bref, ta parole n'est tolérable que si
elle est bien dosée, bien emballée,
bien utile.

Mais pas trop. Jamais trop.

**✦ Un système qui retourne notre
intensité contre nous**

Le plus cruel, c'est que notre intensité, notre lucidité, notre tendresse
profonde… sont retournées contre
nous.

On nous accuse d'être la faille dans
la lutte, alors que nous sommes souvent la seule alarme encore en état
de fonctionnement.

Mais dans une maison en feu, est-ce
qu'on coupe l'alarme parce qu'elle
sonne trop fort ? Ou est-ce qu'on
éteint l'incendie ?

C'est exactement ça qu'on nous impose : taire le signal, ignorer la vérité, maquiller la blessure.

Notre colère devient « hystérie », notre tristesse « faiblesse », notre vigilance « division », notre joie « frivolité ».

Chaque émotion, au lieu d'être accueillie comme une vérité incarnée, est pathologisée, disqualifiée, moquée.

On nous demande d'être constantes, maîtrisées, toujours prêtes, jamais débordantes. Comme si l'humanité pleine avec ses contradictions, ses excès, ses larmes et ses éclats nous était interdite.

Et le pire ? Ce retournement ne sert pas qu'au patriarcat noir.

Il nourrit aussi le système blanc, qui adore voir des femmes noires « utiles », disponibles, loyales, mais muettes.

Des femmes qui donnent tout sans jamais « déranger », qui soignent sans jamais exiger, qui portent la maison même en flammes.

L'Offrosorisme s'infiltre là encore : on nous demande de sacrifier nos émotions, d'étouffer nos alarmes, pour que la façade tienne.

Mais une maison qu'on laisse brûler finit toujours par s'effondrer.

✦ **Témoignage – anonyme** : « Quand j'ai pleuré en réunion, on m'a dit que je faisais du « drama ».

Quand j'ai dit que j'étais fatiguée, on m'a rappelé que d'autres avaient vécu pire.

Quand j'ai osé m'absenter, on a sous-entendu que je sabotais le projet.

Et le pire ? C'est que j'ai fini par croire que j'étais vraiment trop.

Trop chiante. Trop fragile. Trop cen-
trée sur moi.

Alors que je voulais juste respirer. »

 **Ce qu'on appelle « trop », c'est aussi
la rançon de l'Offrosorisme.**

Ce sacrifice discret où nos émotions
sont reléguées au second plan, pour
ne pas déranger le collectif.

On étouffe nos cris, on ravale nos
larmes, on dilue notre lucidité…

Tout ça pour ne pas être accusées
de « diviser ».

Mais à force de se rétrécir, on finit
par disparaître.

✦ Conclusion Trop, c'est assez

Ce qu'on appelle « trop » n'est souvent que **la forme sonore d'une
douleur non accueillie.**

Trop bruyantes ? Parce qu'on a trop

souvent crié en silence.

Trop vulnérables ? Parce qu'on a longtemps serré les dents, jusqu'à ce qu'elles craquent.

Trop radicales ? Parce qu'on veut racler le fond, pas juste repeindre la façade.

La société coloniale et patriarcale a intérêt à faire passer notre excès pour une faille : ça permet de ne jamais écouter le fond.

Mais ce qu'ils appellent notre « trop » est souvent **l'exacte quantité de vérité nécessaire** pour que quelque chose bascule.

Et si notre trop n'était pas un défaut, mais une tentative de rééquilibrage face à des siècles de pas assez ?

Dans la pensée Kemite, **Maât**, principe d'équilibre et de justice, ne se

construit pas dans l'étouffement,
mais dans la reconnaissance des dé-
séquilibres.

Il n'y a pas de paix durable sans vérité complète.

Et cette vérité, elle est parfois ex-
cessive, crue, imparfaite comme
nous.

Alors non, nous ne sommes pas trop.

Nous sommes juste à **l'heure**.

À l'heure de reprendre la parole,
sans se rapetisser pour calmer ceux
qui refusent de grandir.

> 3. *Le pouvoir libérateur de la parole
> : écrire, dire, guérir ensemble*

La parole, pour les femmes noires,
n'est pas qu'un outil. C'est une **arme
sacrée.**

Une **clé de survie**, une **trace de résistance**, un **rite de guérison.**

Pendant des siècles, notre parole a

été réprimée, disqualifiée, folklori-
sée ou volée.

Et pourtant, elle renaît, chaque jour,
dans une vidéo TikTok pleine de rage
lucide, dans un cercle de parole à
huis clos, dans une lettre jamais en-
voyée mais enfin écrite, dans une
story de « trop » trop longue, trop
vraie, trop brute pour être vendable,
donc vitale.

La parole, c'est ce qu'on nous a volé
en premier et que nous reprenons en
dernier.

bell hooks, dans Talking Back: Thinking Feminist, Thinking Black (1989),
l'écrivait sans détour:

> « Parler en tant que
> femme noire, c'est se ré-
> approprier son humanité.
> C'est refuser d'être un
> objet. C'est devenir su-
> jet. »

Audre Lorde, encore elle, parlait d'utiliser les mots **comme épée**, comme **baume**, comme **feu** et comme **pont**.

✦ **Les réseaux comme chambre d'écho… et parfois de chaos (militant)**

Les réseaux sociaux ont été une bénédiction pour beaucoup de femmes noires. Enfin un espace où parler sans attendre l'autorisation. Un lieu où déposer ses mots, ses douleurs, ses colères. Un territoire numérique où l'on peut devenir à la fois conteuse, analyste, et témoin.

Mais ce territoire est miné. Parce que **le regard de l'oppression nous suit jusque dans le Wi-Fi**. Et encore plus quand on est militante, éveillée, radicale, ou simplement vivante avec trop de mots.

Tu veux dénoncer ? On te dit : « Tu

fais honte à la communauté. »

Tu oses pleurer ? On te répond :
« Trop fragile pour une vraie guerrière. »

Tu prends position ? Tu deviens une
cible.

Tu es « trop ». Trop bruyante. Trop
émotive. Trop critique. Trop femme.

Et quand c'est un « frère éveillé »
qui te blesse ?

Alors là, c'est silence radio. Ou pire :
**appel au calme pour ne pas « divi-
ser » le peuple noir.**

Mais qui l'a « divisée », exactement ?

Celui qui frappe, ou celle qui crie ?

Sur TikTok, sur X, sur Instagram,
des femmes noires balancent chaque
jour les abus qu'elles subissent. Mais
derrière les likes, les partages, les
#BlackLove... il y a une **fatigue im-
mense.**

Une pression à toujours performer une conscience propre, une radicalité propre, un activisme propre.

Et ce n'est pas que le système blanc qui nous met à genoux. Ce sont **les injonctions internes au monde militant lui-même.** Ce besoin de « respectabilité révolutionnaire », cette pression à « ne pas salir la cause », cette horizontalité de façade qui cache des hiérarchies violentes.

Tricia Rose le dit crûment :

> « Les récits des femmes noires sont souvent accueillis avec une suspicion plus forte dans les espaces censés les libérer. »

Longing to Tell (2003)

Et comme le martelait **bell hooks** dit :

> « Parler, pour une femme

407

noire, c'est souvent être
punie. » *Talking Back* (1989)

Mais parler quand même, c'est survivre.

Parler malgré les regards en biais,
c'est guérir.

Parler entre sœurs, même en DM,
c'est bâtir une mémoire collective
que personne ne pourra effacer.

**✦ Écrire pour ne pas exploser :
l'encre comme soupape, comme
arme**

Dans un monde où les femmes noires
doivent encaisser en silence, sourire
malgré l'écrasement, faire face tout
en s'effaçant, **écrire devient un
acte radical de respiration.** Une
soupape, mais aussi une arme. Un cri
muet, mais redoutable.

L'écriture, aussi, devient **cicatrice
visible.**

🖤 Les carnets secrets.

🖤 Les notes dans le téléphone.

🖤 Les poèmes griffonnés en pleine insomnie, en pleine colère, en pleine survie.

🖤 Les lettres qu'on n'enverra jamais, mais qui nous sauvent du gouffre.

La thérapeute et autrice **Renina Jarmon,** dans ses travaux sur le Black Feminist Healing Praxis, insiste :

> « L'écriture n'est pas un art secondaire. C'est une technologie ancestrale de survie. »

Et ce n'est pas réservé aux élites. Ce n'est pas un hobby de bourgeoises.

La parole noire, même fragmentée, même maladroite, fait œuvre.

On écrit parce qu'on ne nous laisse

pas parler.
Parce que le cercle militant devient
un ring.
Parce que les réseaux étouffent plus
qu'ils n'élèvent.
Parce que nos familles nous deman-
dent encore :
« Tu es sûre que c'était un viol ? »
« Tu vas encore parler de ça ? »
« Tu vas salir son nom ? »
Alors on écrit.

Et c'est pas pour faire joli.

C'est pour **ne pas tuer**. Ou pour **ne
pas mourir**.

Audre Lorde l'a dit sans détour :

> « La poésie n'est pas un
> luxe. C'est une nécessité
> vitale de notre exis-
> tence. » Sister Outsider
> (1984)

Et **June Jordan** dit :

> « L'écriture est le moyen

par lequel nous retrou-
vons notre humanité,
notre mémoire, et notre
dignité volée. »

Poetry for the People (1995)

✦ Le piège : quand même écrire devient performance

Mais attention : même l'écriture peut devenir un autre espace de contrôle.

Quand on commence à **censurer sa peine pour ne pas déranger le collectif.**

Quand on hésite à publier un texte de peur qu'il ne soit « pas assez spirituel », « trop sexuel », « trop vulgaire », « trop noir, trop femme, trop en colère ».

On transforme même nos journaux intimes en pièces de théâtre pour public éveillé.

Le paradoxe ?

Même nos douleurs doivent se soumettre à une esthétique.

Même nos blessures doivent être « bien formulées » pour être entendues.

C'est ça aussi, l'Offrosorisme littéraire : ce sacrifice de l'authenticité au profit du « message utile ».

Ce moment où même nos cris doivent être bien rédigés pour être tolérés.

Mais parfois, le plus grand acte de soin, c'est de **lâcher un mot brut, mal orthographié, hurlé avec tout l'utérus.**

C'est de dire :

« Voilà ce que j'ai vécu. »

Et de n'en demander ni pardon ni validation.

✦ **Slam « J'écris, donc je ne meurs pas »**

J'écris, parce que crier ne suffit plus, parce qu'on m'a appris à baisser les yeux même quand on me piétinait le cœur.

J'écris dans les marges, dans les chiottes d'un taf raciste, sur la peau de mes silences, avec l'encre de mes rages digestes.

J'écris pour ne pas exploser.

Pour dire que je suis encore là, même cabossée, même flinguée, encore là.

Et si mes mots tremblent, c'est parce qu'ils marchent seuls dans la nuit que personne ne veut entendre.

Mais ils marchent.

Et moi avec.

Tabou M'Bleue

Conclusion Reprendre la voix, c'est reprendre le monde

Parler, écrire, crier parfois : ce n'est pas un luxe. C'est une nécessité radicale.

Ce chapitre l'a démontré : pour les femmes noires, la parole est un territoire volé depuis des siècles. Volé, contrôlé, travesti. Des contes d'esclaves tus sous la menace, aux réseaux sociaux où l'on guette encore l'erreur pour discréditer, la parole noire est toujours sous haute surveillance.

Mais voilà : **quand une femme noire parle, vraiment, le système tremble.**

Ce n'est pas une simple expression de soi. C'est une reconfiguration du réel. C'est refuser que les récits dominants continuent d'écrire nos vies à notre place. C'est insister sur le fait que nos expériences ne sont pas accessoires mais fondatrices. C'est dire que nous avons un langage propre, une mémoire, une culture du verbe qui ne doit rien à l'Occident, si ce n'est ses blessures.

Audre Lorde, bell hooks, Renina Jarmon, Toni Morrison, et tant d'autres l'ont affirmé :

écrire, témoigner, transmettre, c'est créer une archive vivante. Une mémoire contre l'amnésie forcée. Un cri contre le mutisme organisé.

Et cette parole-là multiple, imparfaite, vibrante sauve.

Pas toujours le monde. Mais parfois juste la prochaine femme sur le point de sombrer.

Et c'est là que l'Offrosorisme s'infiltre aussi, dans nos gorges serrées.

Ce sacrifice de la parole qu'on nous impose ou qu'on s'impose pour protéger le collectif, pour ne pas diviser, pour ne pas « faire honte ».

Mais ce silence-là n'est pas du soin : c'est un poison lent.

Par loyauté, on étouffe. Par amour, on se censure. Par peur, on se mutile la voix.

C'est ça, l'Offrosorisme linguistique : ce moment où même notre cri doit s'excuser d'exister.

Et c'est précisément ce piège qu'il faut déjouer, ensemble, à chaque mot arraché au silence.

Quand nous écrivons, nous tressons nos douleurs et nos savoirs.

Quand nous parlons, nous déjouons les pièges du silence.

Et quand nous nous écoutons, malgré le bruit du monde, nous reprenons un pouvoir que le système ne saura jamais digérer.

Parce que ce pouvoir-là est **ancestral, organique, et irrécupérable.**

Alors non, nous ne sommes pas trop.

Nous sommes juste trop puissantes pour rester muettes.

« M'Bleue, parce que la douleur a ses nuances.
Tabou, parce que la parole est une révolution. »

Chapitre 7

Refuser le sacrifice : aimer autrement, lutter autrement

« Ce n'est pas une vertu de saigner pour tous. C'est une stratégie de domination. » Tabou M'Bleue

On nous a dit que c'était noble d'aimer sans retour. Que c'était puissant de se donner tout entière. Que c'était révolutionnaire d'être la dernière à dormir, la première à pleurer, la seule à pardonner. On nous a menti.

Le mythe du **sacrifice des femmes noires**, c'est la colonne vertébrale cachée du monde militant et du monde tout court. Ce mythe-là, on l'a sculpté dans nos ventres, dans nos histoires, dans nos silences. Il a pris le nom d'« amour », d'« engagement », de « service ». Mais sous le vernis, il s'agit d'un vieux piège : celui de la **martyr volontaire**. Et aujourd'hui, il faut le nommer pour le détruire.

Ce piège s'appelle désormais Offrosorisme.

Un mot neuf, pour une blessure ancienne.

Une offrande faite à sens unique. Une sororicide douce, maquillé en loyauté.

Une structure sacrificielle intériorisée, qui ronge les femmes noires sous couvert d'amour du peuple, de la cause, du frère, de la communauté.

Awa Thiam alertait déjà sur cette violence faite aux femmes noires, souvent maquillées en devoir communautaire.

« La femme noire est au croisement de toutes les oppressions, mais aussi au cœur de toutes les attentes. »

La parole aux Négresses (1978)

On veut qu'elle tienne, qu'elle porte, qu'elle sauve. On lui demande de tout donner, sans jamais négocier.

On lui offre le rôle de pilier, mais jamais celui de protégée.

bell hooks, elle démonte avec précision cette arnaque affective :

« Aimer sans justice, c'est juste souffrir. » All About Love

Et pourtant, on nous apprend à glorifier cette souffrance. À nous sentir coupables dès qu'on pense à soi. À croire que poser des limites, c'est trahir la cause.

420

Mais la cause de qui, au juste ?

Amos Wilson, dans Black-on-Black Violence, interroge cette **idéologie du sacrifice** comme un produit du conditionnement colonial :

> « Le peuple noir a appris à honorer ses souf-frances au lieu d'honorer sa puissance. »

On nous a dressées à survivre, pas à nous épanouir. À lutter pour les autres, rarement pour nous. À aimer comme des servantes, pas comme des souveraines.

Tricia Hersey, fondatrice du mouvement The Nap Ministry, pousse cette logique encore plus loin :

> « Le repos est un droit divin. Dire non, c'est un acte de libération. »

Et si, au fond, refuser le sacrifice, ce n'était pas fuir le combat, mais **le reconfigurer à partir de nous ?**

Et si aimer autrement, c'était aimer avec conscience, avec soin, avec exigence ?

Et si la vraie révolte, c'était de ne plus mourir pour des gens qui ne veulent même pas vivre avec nous ?

Ce chapitre est un refus. Un cri. Une offrande.

Celle de dire : **je ne mourrai plus pour mériter une place dans un monde qui ignore mes blessures.**

Je mérite un amour qui soigne. Un engagement qui me porte, pas qui m'enterre.

Et si je dois lutter, **ce sera en marchant aux côtés d'égal·es, pas en rampant derrière des statues de bronze qui ne versent jamais une**

larme.

1. *Ce que pourrait être une autre forme d'engagement*

On nous a appris à confondre l'engagement avec l'oubli de soi. À croire que plus on s'efface, plus on est utile. Que plus on encaisse, plus on est respectée. Que plus on se saigne, plus on est « pure ».

Mais si l'engagement nous détruit, est-ce encore une lutte ou **une nouvelle forme d'aliénation maquillée en loyauté ?**

Ce que beaucoup de femmes noires vivent dans les milieux militants relève de ce que j'appelle **l'Offrosorisme** : une mécanique sacrificielle intériorisée, où l'on s'offre au combat collectif sans négocier ses conditions d'existence.

Un mélange insidieux d'amour pour le

peuple, de culpabilité héritée, et de sororité en compétition.

Le tout emballé dans un mythe ancien : celui de la militante-héroïne. Increvable. Inattaquable. Inépuisable.

Et pourtant... si tu tombes, tout le monde détourne les yeux. Tu deviens « celle qui n'a pas tenu ». Comme si tomber n'était pas humain.

Le militantisme que l'on nous a vendu est vertical, rigide, viriliste.

Il reproduit les logiques de performance du monde qu'on prétend vouloir abattre : qui crie le plus fort, qui est la plus « cohérente », qui sacrifie le plus.

Comme si notre valeur politique se mesurait à la longueur de nos cernes et à l'intensité de notre effacement.

C'est un militantisme toxique qui

confond puissance et punition.

On peut refuser d'être des colonnes de temple. On peut devenir
les architectes d'une nouvelle maison.

bell hooks, dans Teaching to Transgress, appelle à **un militantisme incarné ancré** dans la vie réelle, dans
la tendresse, dans la vulnérabilité.
Elle parle de la pédagogie de la libération comme d'un acte d'amour. Et
c'est cela qu'on a trop souvent oublié
: **aimer est politique.**

Pas aimer à s'en vider. Pas aimer
pour expier.

Mais aimer en conscience, en plaçant
la justice émotionnelle au cœur de
chaque relation.

Awa Thiam, elle aussi, dénonçait
cette idéologie de l'abnégation dans
La Parole aux Négresses :

« On attend de la femme noire qu'elle donne tout sauf sa colère, sauf sa vérité, sauf ses conditions. »

Alors on propose autre chose.

Un engagement qui commence par le soin. Par une éthique du lien.

Par le droit de dire : « Je ne peux pas aujourd'hui », « J'ai besoin de repos », « Je veux que mes blessures comptent aussi ».

Un engagement qui prend en compte **le trauma générationnel, la santé mentale, la spiritualité, la joie.**

Un engagement qui ne laisse personne derrière, pas même soi-même.

Un militantisme où s'occuper de soi n'est pas vu comme une trahison, mais comme **une stratégie de survie révolutionnaire.**

Tricia Hersey, créatrice du Nap Ministry ne parle pas seulement de repos physique, mais de repos comme rupture avec la logique capitaliste de la productivité.

Et dans notre cas, il s'agit aussi **de rompre avec la productivité émotionnelle du militantisme noir** : celle où les femmes doivent être à la fois **psychologues, logisticiennes, oratrices, médiatrices, nourricières, martyres.**

Refuser ce modèle, ce n'est pas trahir le combat : C'est le sauver de sa propre hypocrisie. **C'est décoloniser nos luttes de l'intérieur.**

C'est dire : « *Je suis une militante. Mais je suis aussi une femme noire vivante, complexe, et entière. Et je ne sacrifierai plus ma peau pour des idées qui ne me laissent même pas respirer.* »

« On m'a dit que j'étais trop exigeante.

Trop dans le soin, trop dans l'émotion, trop dans le « je veux que ça nous nourrisse vraiment ».

J'ai compris que dans certains collectifs, ce n'est pas l'engagement qu'on veut de toi. C'est ta docilité.

Fais du bruit, mais pas trop de sens. Sois forte, mais ne pose pas de questions. Aime tout le monde, même ceux qui t'éteignent.

Un jour, j'ai arrêté de faire semblant. J'ai dit que j'étais fatiguée, que je voulais un engagement avec amour et vérité.

On m'a traitée d'instable.

Alors j'ai quitté le temple. J'ai

construit un autel chez moi. Avec mes règles, mes rituels, mes limites.

Depuis, je lutte mieux. Et je respire. »

✦ **Mini conclusion** : Ce n'est pas le militantisme que l'on rejette, c'est sa version épuisante, excluante, colonisée.

Celles d'entre nous qui réclament une autre forme d'engagement avec soin, justice et réciprocité sont souvent traitées de faibles ou de déviantes.

Mais refuser l'Offrosorisme, c'est refuser d'être l'essence qui fait tourner une machine qui nous écrase.

C'est poser une question essentielle : *À quoi bon sauver le monde, si on s'y enterre nous-mêmes ?*

2. *Un amour réciproque, un militantisme avec soin*

On ne veut plus d'un amour à sens unique, d'un engagement qui nous saigne.

On ne veut plus aimer comme on se sacrifie, lutter comme on s'efface.

Parce que l'amour, le vrai, le juste, n'est pas un piège.

Parce que le soin, le vrai, le radical, n'est pas un luxe.

Nous avons grandi dans des communautés où l'amour rimait avec endurance, où militer signifiait s'oublier, où être femme noire, c'était incarner la patience infinie – pour le couple, pour la cause, pour les enfants, pour les ancêtres, pour tous sauf pour soi.

Ce modèle n'est pas juste épuisant. Il est violent.

Il repose sur une dynamique que nous avons désormais le courage de nommer : **l'Offrosorisme.**

Cette logique sacrificielle, où les femmes noires deviennent les offrandes silencieuses d'une lutte qui exige tout d'elles jusqu'à leur santé, leur corps, leur paix.

Ce concept, forgé dans la chair des vécus, théorise la rivalité douce, la martyrisation affective, l'invisibilisation dans la communauté. Un système où l'on apprend à aimer en se niant, à militer en se mutilant, à se taire pour maintenir l'illusion d'une unité.

Alors il faut penser autrement. Aimer autrement. Lutter autrement.

Cela implique de désapprendre. De refuser le langage de la servitude affective.

Cela implique aussi de rêver de nouveaux modèles : où l'amour est réciproque, où le soin est central, où la politique commence dans la manière dont on se parle, dont on se protège, dont on se porte.

Et si la réciprocité n'était pas une utopie molle, mais un acte révolutionnaire ?

Et si le soin n'était pas un privilège bourgeois, mais un **fondement afrospirituel** hérité des mères, des guérisseuses, des griottes ?

Et si, enfin, aimer sans se sacrifier, c'était le début d'une politique noire libérée.

✦ L'amour sacrificiel n'est pas un amour politique

Dans de nombreux cercles militants afrodescendants, l'amour qu'il soit amoureux, amical, sororal ou communautaire est souvent pensé comme un sacrifice. Le couple devient un champ de bataille silencieux, où l'on encaisse par loyauté, où l'on souffre par devoir.

La culture populaire n'a rien arrangé.
On glorifie les femmes noires « solides », celles qui supportent les humiliations au nom du collectif, celles
qui aiment les hommes « brisés »
pour les réparer, qui restent malgré
la violence, pour ne pas « abandonner
un frère ».

Mais cette posture d'amour sacrificiel relève de **ce qu'on appelle ici
l'Offrosorisme** : aimer, s'engager, se
taire, pour ne pas déranger l'ordre
interne d'un collectif déjà oppressé.
Une stratégie de survie devenue
système.

 La psychologue **Thema Bryant** explique que :

> « Le trauma empêche
> souvent les femmes
> noires de poser leurs li-
> mites, car elles craignent
> de perdre l'amour comme

433

seule ressource affective. » Thriving in the Wake of Trauma (2015)

Ce qu'elle met ici en lumière, c'est que les femmes noires, socialisées à survivre plutôt qu'à s'épanouir, associent souvent la sécurité émotionnelle à la disponibilité absolue. La peur de l'abandon elle-même issue de générations d'effacements, de séparations forcées, de violences conjugales ou étatiques pousse à croire que poser des limites, c'est risquer l'isolement.

Dans une société qui a trop longtemps volé leurs attachements, leurs foyers, leur droit à la tendresse, beaucoup de femmes noires finissent par tolérer l'intolérable, par amour, mais surtout par peur de perdre la seule chose qui reste : le lien.

Ce lien, même toxique, devient le dernier refuge et **c'est là que** s'installe l'**Offrosorisme** : cette offrande de soi qui se fait sous silence, sous tension, sous menace affective.

✦ **Le soin mutuel comme acte révolutionnaire**

Refuser l'amour sacrificiel, ce n'est pas prôner l'égoïsme. C'est réaffirmer que l'amour véritable est réciproque, doux, soutenant. Ce n'est pas une guerre froide maquillée en loyauté. C'est un espace de co-guérison.

bell hooks, écrit:

> « L'amour n'existe pas sans justice. S'aimer, c'est honorer l'autre sans se trahir soi-même.
> » All About Love

Dans une perspective afro-spirituelle, l'amour n'est pas juste une émotion. Il est énergie créatrice, force communautaire, engagement sacré.

Queen Afua martèle :

> « L'amour de soi est la première porte d'accès à toute relation saine » Sacred Woman

Et ajoute :

> « La première guérison est dans l'utérus. Et l'utérus écoute nos choix affectifs. » Sacred Woman

Cette phrase, à elle seule, renverse les fondations de nos modèles relationnels. Ce n'est pas seulement une métaphore spirituelle c'est une

théorie politique du corps. Queen Afua *insiste sur l'utérus comme lieu de mémoire, de résonance, et d'intuition. Or, combien de femmes noires portent dans leur ventre les séquelles de relations unilatérales, de liens forcés, de compromis toxiques ?*

L'utérus, dit-elle, enregistre. Il sait. Il parle à travers les douleurs chroniques, les fibromes, les règles désorganisées. Ce n'est pas « ésotérique » c'est une façon radicale de dire que le corps ne ment pas. Et que l'amour sans soin est une forme de **violence énergétique.**

En liant guérison et utérus, Queen Afua nous pousse à une relecture profonde de l'amour : non plus comme dépendance affective ou devoir sacrificiel, mais comme **écologie intime,** où chaque choix affectif participe à l'équilibre ou au désordre intérieur. **C'est l'opposé de l'Of-frosorisme** : c'est le soin par la frontière, l'amour par l'écoute de soi.

✦ La responsabilité affective comme révolution noire

Dans nos mouvements, dans nos foyers, dans nos luttes, il est urgent d'introduire une **éthique de la responsabilité affective.**

Un homme noir blessé n'a pas à déverser sa douleur sur sa compagne. Une militante épuisée n'a pas à continuer sans soin. Une sœur ne devrait pas porter la charge émotionnelle de tout le groupe.

Amos Wilson insiste sur l'importance de restaurer un équilibre psychologique collectif :

> « Une nation déséquilibrée émotionnellement devient sa propre prison.

Cette phrase agit comme un électro-choc. Elle déplace la question de l'amour et du soin hors de la sphère privée pour en faire **un enjeu politique collectif**. Quand les femmes noires sont conditionnées à aimer sans retour, à porter les douleurs sans jamais poser de mots, elles incarnent malgré elles ce déséquilibre émotionnel que Wilson dénonce.

Un déséquilibre si normalisé qu'il devient *structurel* : dans la sphère familiale, militante, amicale, amoureuse, on attend d'elles qu'elles soient à la fois piliers et pansements solides, silencieuses, sacrifiables.

Mais comme le rappelle Wilson, une nation déséquilibrée ne peut pas se libérer. Cela signifie qu'aucune lutte politique réelle ne peut s'opérer tant que **l'équilibre affectif et psychique** des femmes noires est ignoré. Tant qu'on continue de glorifier les burn-out amoureux, les loyautés à sens unique, ou les engagements sans soin, on ne fait que reproduire les traumatismes coloniaux et patriarcaux.

Restaurer un amour sain, c'est restaurer un peuple. C'est soigner la **structure émotionnelle collective**. C'est apprendre à aimer comme on reconstruit une mémoire avec justice, avec écoute, avec cohérence. C'est l'antidote de **l'Offrosorisme** : une praxis affective où l'on cesse de verser le sang pour être vue, et où l'on apprend enfin à poser nos conditions.

✦ **Témoignage anonyme Cercle TABOU 2025**

« J'ai aimé un homme comme on récite une prière de guerre. Chaque jour, je perdais un peu plus de moi.

Mais il disait : « Tu es forte, tu es mon pilier. »

Un jour, j'ai dit : « Et moi, qui me porte ? »

Il a ri. Je suis partie.

Depuis, j'apprends que l'amour ne devrait jamais faire saigner. Pas même un peu. »

✦ **Témoignage anonyme – Cercle TABOU 2025**

« J'étais la première à préparer les tracts, la dernière à partir des réunions. Je portais tout. Même ce que je n'avais pas causé. Et puis un jour, j'ai fait une crise d'angoisse au milieu d'un atelier sur la sororité. Personne ne m'a regardée. J'ai compris que dans ce combat, mon corps servait d'outil, pas de sujet. Alors j'ai décroché. J'ai appris à dire : *non, pas cette fois.* Et c'est là qu'a commencé ma vraie révolution. »

✦ **Mini conclusion** : Rêver d'un amour réciproque et d'un militantisme avec soin, ce n'est pas une utopie : c'est une stratégie de survie, une politique de rupture, une exigence de dignité.

L'Offrosorisme, en tant que concept, permet de mettre en lumière ces dynamiques invisibles de dévotion toxique, de rivalité silencieuse, de sacrifice intériorisé.

Dire « non » à ces sacrifices, ce n'est pas trahir la cause : c'est lui donner une chance de se régénérer, de se guérir pour de vrai, de devenir vivable.

3. Refuser d'être la martyre de tout le monde

Combien de femmes noires finissent par se demander, dans un soupir épuisé : « Et moi, alors ? »

Pas par caprice. Pas par égocentrisme. Mais parce qu'à force d'être le roc pour tout le monde, on devient la poussière qu'on balaie sous le tapis.

On nous a appris que la grandeur se mesure au silence qu'on garde, à la douleur qu'on endure, à la place qu'on laisse aux autres.

On nous a glorifiées en piliers. On a oublié de nous demander si on voulait juste respirer.

Cette glorification du sacrifice dans le couple, dans les luttes, dans les familles est le carburant d'un système qui prospère sur nos abandons de soi.

C'est là que le concept d'Offrosorisme trouve toute sa force : une
structure intériorisée, sournoise, où
la dévotion devient stratégie de survie, où la « sororité » masque des rivalités passives et des injonctions à
la disparition.

Offrir sans cesse, se sacrifier sans
retour, s'effacer « par loyauté »
voilà comment naît la martyre noire,
icône adulée et femme effondrée.

Mais non, ce n'est pas ça, la force. Et
non, ce n'est pas ça, l'amour.

✦ Le piège de la martyre

Sociologiquement, l'idéal de la
femme noire martyre est enraciné
dans des stéréotypes coloniaux : la
Mammy, l'infatigable, la dispensable.

Psychologiquement, il crée un
schéma de répétition traumatique :

chercher la validation dans le sacrifice, s'épuiser dans le don, nier ses propres besoins pour exister par procuration.

En militance, cela se traduit par des burn-out masqués, des prises de parole étouffées, des femmes réduites à des fonctions « utiles » plutôt qu'écoutées en tant que sujets politiques.

Joy DeGruy, dans Post Traumatic Slave Syndrome (2005), expose comment les violences de l'esclavage ont laissé des marques profondes dans le psychisme noir. Le réflexe sacrificiel de nombreuses femmes noires cette tendance à s'oublier pour les autres n'est pas un « caractère », mais un mécanisme de survie hérité, répété, intériorisé. Le trauma devient une stratégie.

Thema Bryant, dans Thriving in the Wake of Trauma, insiste sur l'impact psychologique de cette position : le sacrifice devient un mode d'attachement. Aimer, pour une femme noire, c'est souvent s'annuler, car l'amour est vécu comme une monnaie d'échange : « Je donne tout pour être acceptée, ou pour ne pas être abandonnée. » La peur d'être « trop » (trop exigeante, trop faible, trop présente) freine la capacité à poser des limites.

Awa Thiam, dans La parole aux Négresses (1978), analyse cette posture sous l'angle du devoir communautaire : on attend des femmes noires qu'elles incarnent la cohésion du groupe, la dignité de la race, le ciment de la lutte. Refuser de s'offrir à la cause, c'est être perçue comme traîtresse, individualiste, voire colonisée.

Ensemble, ces trois voix montrent que le mythe de la femme noire sacrificielle n'est ni « naturel » ni « culturel » : il est le produit du conditionnement colonial, du patriarcat, et du silence historique.

Résultat :

- Tu gardes les trois références clés.

- Tu gagnes en fluidité.

- Tu supprimes l'effet de répétition.

✦ Spiritualité et contre-narratifs

Les traditions spirituelles afrocentrées ne sacralisent pas la souffrance.

Elles parlent de cycles, de limites, de connexions réciproques.

Queen Afua, dans *Sacred Woman*, martèle que la guérison passe par la reconnaissance de ses propres besoins, par le droit au refus, au non, au retrait.

Dans la spiritualité Kemite, Maât n'exige pas le martyr : elle exige l'équilibre.

Et l'équilibre ne se trouve pas dans l'effacement, mais dans la justice – y compris pour soi.

Yaba Blay, chercheuse et militante féministe noire-américaine, explore dans ses travaux sur la corporalité noire (notamment dans *One Drop : Shifting the Lens on Race*) l'impact du regard social et communautaire sur la manière dont les femmes noires sont assignées à la fonction de pilier sacrificiel :

> « On nous apprend à être fières de notre douleur. À sourire avec la colonne brisée. Et pire : à juger celles qui ne savent plus encaisser. »

Ce qu'elle montre ici, c'est que **la**

souffrance n'est pas seulement sup-
portée, **mais valorisée**. On fait de la
douleur des femmes noires une esthétique, un étendard de la dignité.
Mais cette dignité devient alors une
cage dorée. Un outil de sélection :
celles qui pleurent trop fort, qui ra-
lentissent la cadence, qui osent dire
qu'elles veulent du repos... sont vite
exclues ou disqualifiées comme
faibles.

**En intégrant cette analyse dans
l'Offrosorisme**, on comprend mieux
comment cette dynamique repose
aussi sur des **rapports intra-com-
munautaires,** où les femmes noires
sont jugées... par d'autres femmes
noires. L'idéal de la « Strong Black
Woman » devient une norme violente. Il est urgent de désapprendre
cette hiérarchie sacrificielle pour
construire des modèles d'engagement où la vulnérabilité, la douceur
et le soin ne sont plus synonymes de

trahison.

« J'étais devenue le SOS émotionnel de tout le monde.

On m'appelait quand il fallait gérer une crise, modérer un live, apaiser un conflit.

Mais quand moi j'ai craqué ? Silence.

Même les plus proches ont dit : « Tu dramatises. »

Un jour, j'ai écrit dans mon carnet : 'Si je meurs demain, ce ne sera pas une tragédie. Ce sera la suite logique d'un effondrement qu'ils ont tous regardé en direct.'

Depuis, j'ai quitté ce groupe. J'ai choisi de vivre. Même si je suis seule. »

Refuser d'être la martyre, ce n'est pas refuser d'aimer, ni de lutter.

C'est refuser de **disparaître dans la lutte**, de s'effacer pour que d'autres brillent, de tenir pour une cause qui ne nous tient pas.

C'est refuser que le **collectif devienne une excuse pour la négligence**, voire la maltraitance.

C'est dire haut et fort : **mon corps compte. Mon cœur aussi. Ma santé mentale aussi.**

L'Offrosorisme se nourrit du silence, de la loyauté mal placée, et de cette idée empoisonnée selon laquelle notre valeur se mesure au prix de notre souffrance.

Il n'y a rien de noble à s'abîmer pour maintenir une façade d'unité.

Il n'y a rien de révolutionnaire à mourir à petit feu au nom d'un amour sans réciprocité. Tracer la ligne entre **le soin** et **l'exploitation**, c'est inventer un nouvel engagement : plus juste, plus lucide, plus vivant.

Un engagement qui ne sacrifie pas les femmes noires sur l'autel du progrès des autres.

Un engagement qui, enfin, **nous compte dans l'équation de la libération.**

Conclusion : *Sortir du temple du sacrifice : pour une éthique noire de la réciprocité*

On a trop longtemps confondu la loyauté avec la soumission, le service avec l'abandon, l'amour avec la saignée.

Dans les recoins les plus intimes comme sur les scènes militantes les plus visibles, la femme noire a été élevée à devenir le socle. La base. Le pilier silencieux. Celle qui comprend, qui pardonne, qui porte.

Celle qui meurt debout.

Ce chapitre s'est attaqué à cette figure sacrée mais toxique : **la militante sacrificielle**, la femme noire en état de saignement chronique.

Celle dont l'énergie, l'utérus, la voix, la tendresse, la présence, sont aspirés au nom d'une cause qui la nomme à peine.

Ce modèle, nous l'avons déconstruit bloc après bloc. Non pas pour faire table rase de nos engagements ou de notre amour du collectif, mais pour en dévoiler les rouages : ceux d'une machine profondément marquée par le patriarcat, le colonialisme et la glorification de la souffrance.

C'est là qu'intervient le concept central de ce chapitre : **l'Offrosorisme.**

L'Offrosorisme, c'est la logique sacrificielle intériorisée qui pousse les femmes noires à s'offrir aux autres famille, communauté, causes politiques jusqu'à leur propre effacement.

C'est l'espace mental et affectif où s'enchevêtrent trois dynamiques :

- **L'offrande forcée** : donner pour exister, se sacrifier pour mériter l'amour ou la reconnaissance.

- **La sororicide douce** : des rivalités feutrées, des trahisons voilées entre femmes noires, qui alimentent le système au lieu de le briser.

- **La mystification du collectif** : faire taire ses blessures pour « ne pas diviser », camoufler les violences pour « protéger l'image de la lutte ».

Ce concept permet de **nommer ce qui n'était qu'un ressenti** diffus, une fatigue muette, une colère coupable. Il crée un langage politique pour penser la fatigue, la rivalité silencieuse, le surengagement, la dépossession de soi. Il réconcilie l'intime et le collectif dans une analyse lucide, afrocentrée (Kemitocentré) et féministe (Maternisme) radicale.

✦ **Ce que cela change**

Refuser l'**Offrosorisme**, ce n'est pas se désengager.

C'est **changer les règles du jeu**. C'est faire de l'amour une relation juste, pas un gouffre.

C'est faire du militantisme une maison vivable, pas un champ de ruines.

C'est comprendre que :

 ✦ un amour sain se construit

dans la réciprocité, pas dans le sacrifice ;

+ une lutte solide repose sur des corps en santé, pas sur des héroïnes épuisées ;

+ un engagement authentique commence par la justice envers soi.

Cette conclusion appelle donc à une **refondation politique** : celle **d'un militantisme avec soin**, d'une **éthique noire de la réciprocité**, d'une **spiritualité du lien juste**, d'une **sororité non sacrificielle.**

Il s'agit d'un changement de paradigme.

✦ **Ce n'est pas une fin, c'est une ouverture**

Sortir du temple du sacrifice, ce n'est pas fuir la lutte. C'est choisir de bâtir autrement.

Refuser de mourir pour prouver qu'on est engagée, qu'on est digne, qu'on est une « bonne sœur ».

Refuser de porter seule ce que le collectif refuse même de nommer.

Et si nous construisions un autre temple ?

Un temple où l'on pleure ensemble, où l'on se repose sans honte, où l'on aime sans se briser, où l'on lutte en se tenant la main.

Alors, laissons derrière nous les chaînes déguisées en perles.

Reprenons la route. Ensemble. Vivantes.

Slam « *Je ne meurs plus pour vous* »

Je ne meurs plus pour vous.

J'ai cessé d'être l'autel sur lequel vous posez vos révolutions.

J'ai rangé mes plaies,

J'ai plié mes silences,

J'ai brûlé vos médailles d'endurance.

Je ne suis pas la colonne de votre
temple fissuré.

Je suis la bâtisseuse de ma maison
sacrée.

Je ne suis pas la gardienne du feu
pour réchauffer votre égo.

Je suis l'incendie qui nettoie l'espace.

Ne m'appelez plus Reine pour m'utiliser comme esclave.

Ne me demandez plus de porter ce
que vous refusez de nommer.

Je n'ai plus de place dans vos chants
à sens unique.

Je n'ai pas trahi la cause.

Je l'ai lavée de votre hypocrisie.

Je n'ai pas déserté la lutte.

Je l'ai redessinée avec mes mains entières.

Et si vous me cherchez...

Je suis là, entière.

Pas morte. Pas effacée.

Debout.

Pour moi.

Et pour celles qui viennent.

Tabou M'Bleue

Conclusion

Pour que nos filles ne saignent plus pour exister

Ce que je refuse de transmettre

> « Ce sont nos silences qui nous tuent. » **Audre Lorde**

> « Je suis une femme noire, née de femmes noires, qui étaient les filles de femmes noires, et je porte tout ce qu'elles n'ont jamais dit. » **bell hooks**

> « La parole est une

arme pour qui ne
veut plus mourir en
silence. » **Awa
Thiam**

J'écris ce dernier chapitre comme
on ouvre une plaie pour qu'elle cica-
trise enfin à l'air libre.

Pas pour remuer le passé, mais pour
lui arracher ce qu'il nous doit.

Pas pour raconter une douleur de
plus, mais pour qu'elle cesse ici.

C'est **à toi que je parle, fille noire.**
À toi qui n'es peut-être pas née de
mes entrailles, mais que j'ai portée
dans mes silences.

À toi, ma sœur à venir, à qui **je
refuse de léguer un testament de
blessures** maquillées en loyauté.

Je ne veux plus transmettre la
honte de ne pas être assez douce,
assez forte, assez soumise, assez «

utile ».

Je ne veux plus te léguer le goût amer de l'amour sans retour, du sacrifice glorifié, du silence en héritage.

Nous sommes nombreuses à avoir été élevées dans le culte de l'oubli.

À avoir appris à baisser la tête quand le monde nous piétinait.

À sourire en famille, même quand nos corps hurlaient encore dans la nuit.

À aimer des hommes qui n'avaient jamais appris à nous aimer autrement qu'à travers notre endurance.

Ce livre n'a jamais été un simple essai.

C'est une **tentative de désenvoûtement.**

Une tentative de **casser la chaîne générationnelle du sacrifice,** ce poison qui circule dans notre sang, nos chants, nos stratégies de survie.

Il fallait l'écrire pour que **la mémoire ne soit plus un cercueil**, mais
un tremplin.

Pour que notre héritage ne soit plus
une répétition, mais une révolution.

Pour que nos mères n'aient pas souffert pour rien, mais qu'elles deviennent enfin des phares pas des poids.

**Et surtout, pour que nos filles
puissent dire non sans avoir à se
justifier, Eh oui sans devoir se sacrifier !**

Alors non, cette conclusion n'est pas
une fin.

C'est **une bifurcation.** Un **embran-
chement ancestral** où l'on choisit enfin de poser les armes pas contre la
lutte, mais contre ce qui nous tue à
petit feu au nom de la lutte.

J'écris parce que j'ai vu trop de

femmes puissantes mourir de
loyauté.

J'écris parce que je ne veux plus que
nos filles héritent d'un amour qui les
consume, d'une communauté qui les
use, d'une cause qui les efface.

Et j'écris surtout parce que je ne
suis pas la seule.

Nous sommes des milliers à refuser
de transmettre ce qui nous a tuées.

Nous sommes des milliers à bâtir,
dans l'ombre, une autre manière
d'exister.

Pas pour être parfaites.

Mais pour être libres.

*Héritages empoisonnés : ce que nous
portons tous (femmes et hommes)*

« Il faut désap-
prendre ce qu'ils
ont planté dans nos

esprits. »
**Oyèrónkẹ́
Oyěwùmí**

« L'esclave n'a pas
besoin de chaînes
pour rester à sa
place ; la peur et la
honte suffisent. »
**Carter G.
Woodson**

« La femme noire
porte les cica-
trices de l'histoire
sur sa chair. » **Awa
Thiam**

Nous n'avons pas seulement hérité
de la couleur de nos peaux ou des
chants de nos ancêtres.

Nous avons hérité d'un fardeau invisible : des silences transmis comme
des héritages, des cicatrices offertes comme des bijoux de famille,

des peurs léguées comme des berceuses.

Nos mères nous ont appris à tenir debout même quand leurs genoux tremblaient.

Nos pères, souvent mutilés par l'histoire, ont cru que se taire, c'était protéger.

Nos communautés ont normalisé l'invivable : l'abnégation des femmes, la dureté des hommes, le sacrifice comme mode de survie.

Mais ce que l'on tait s'imprime dans la chair. Ce que l'on répète devient **un poison transgénérationnel.**

Et tant que nous n'aurons pas nommé ce poison, nous continuerons à le boire comme si c'était de l'eau.

Chaque génération a cru qu'elle pouvait étouffer la douleur pour sauver la suivante. Mais la douleur bâillonnée devient colère sourde.

Le sacrifice glorifié devient modèle.
Et les enfants reproduisent ce qu'ils
ont vu, même sans comprendre.

Voilà pourquoi nous portons tous ces
héritages empoisonnés : les femmes,
pliées sous l'injonction à se taire et à
soigner ; les hommes, enfermés dans
la cuirasse virile imposée par la colonisation ; et nos enfants, qui grandissent entre ces deux prisons,
croyant que c'est ça, la normalité.

**Ce que nous appelons héritage
n'est pas seulement une mémoire
écrite dans les livres, c'est une
empreinte tatouée dans nos peaux,
nos os, nos ventres.**

Nos lignées portent des cicatrices
qui n'ont jamais été soignées.

**Ce que nos ancêtres ont dû taire,
nous le crions parfois malgré nous.**

Ce qu'elles ont dû endurer en silence, nous le vivons encore sous d'autres formes.

Les héritages empoisonnés ne flottent pas dans l'air : ils s'installent dans nos corps, dans nos esprits, dans nos comportements.

Ils deviennent des habitudes, des réflexes, des « caractères » que l'on croit naturels.

Mais rien de tout cela n'est naturel : c'est le poids de l'histoire qui s'est glissé dans nos chairs.

✦ *Le poids de l'histoire dans les corps et les esprits*

La mémoire de l'esclavage, du colonialisme, de la dépossession n'est pas un simple chapitre qu'on ouvre ou qu'on referme dans un manuel scolaire.

C'est une énergie vive, logée dans nos corps comme une dette qu'on

ne cesse de payer.

Les femmes noires ont appris à être fortes, silencieuses, résistantes non pas parce qu'elles le voulaient, mais parce qu'elles n'avaient pas le choix.

Elles ont encaissé les coups, protégé les familles, tenu les communautés.

Elles ont porté le monde entier sur leurs épaules.

Mais à quel prix ?

Joy DeGruy décrit ce legs psychologique transmis de génération en génération :

> « Le trauma non traité devient comportement. Le comportement devient culture. » Post Traumatic Slave Syndrome

Et nous voilà, enfants de ce monde abîmé, héritiers malgré nous d'une survie transformée en norme.

Nous avons été socialisés à croire que souffrir en silence était une preuve d'amour.

À croire que se sacrifier était la condition de notre dignité.

À croire que s'oublier soi-même était le seul chemin vers l'appartenance.

Mais cette mémoire, inscrite dans nos corps et nos esprits, est un poison lent.

Elle se traduit par des ventres noués, des dos brisés, des insomnies qui rongent, des colères avalées.

Elle fabrique des générations de femmes usées, et d'hommes déformés par la dureté.

Elle bâtit des communautés entières où l'on confond endurance et existence.

Alors la question n'est plus : «

comment avons-nous survécu ? »

La vraie question est : « comment allons-nous vivre ? »

Et quand l'histoire s'installe dans nos chairs, elle ne reste pas neutre.

Elle produit des réflexes, des carcans intérieurs.

Elle nous enseigne des rôles qui ressemblent à des vertus mais qui sont des chaînes.

Nous avons hérité d'une mémoire qui nous répète :

« Tiens bon. Ne pleure pas. Ne montre rien. Ne demande rien. »

On a confondu survie et dignité, silence et loyauté, endurance et existence.

Ce n'est pas seulement une mémoire du corps : c'est une injonction sociale, psychologique, politique.

Et ces injonctions, on les porte encore, comme si elles étaient une preuve de valeur.

✦ *Les injonctions à la force, au contrôle, à l'invisibilité*

La force n'est pas toujours une vertu.

Elle devient un carcan quand elle interdit de pleurer, de tomber, de dire : « j'ai besoin d'aide ».

Le silence devient un piège quand il se déguise en dignité.

Et le contrôle devient une prison quand il nous coupe de toute vulnérabilité partagée.

Amos Wilson l'analyse finement:

> « La répression émotionnelle chez les populations opprimées est une stratégie de

survie, mais elle peut devenir une auto-destruction. »
The Developmental Psychology of the Black Child

Ces injonctions ont une triple racine :

- **Historique** : sur les plantations, une femme qui pleurait trop fort pouvait être battue, violée, punie. Le silence et la dureté ont été gravés comme stratégies vitales.

- **Sociale** : aujourd'hui, la société continue de louer la femme noire « incassable », disponible, inébranlable. Elle est censée sourire même quand elle souffre, rassurer même quand elle se brise, tenir même quand son monde s'écroule.

- **Psychologique** : cette posture

intériorisée devient une habitude destructrice. Demander de l'aide est vécu comme une honte, exprimer sa peur comme une faiblesse, dire son désir comme une provocation.

C'est ce que nous, femmes noires, avons hérité : un héritage d'endurance qui use nos ventres, alourdit nos dos, nous pousse à avaler les larmes pour ne pas « faire honte ». **C'est l'Offrosorisme** en action : ce sacrifice muet, intériorisé, transmis, qui nous oblige à tenir pour tout le monde, quitte à nous briser nous-mêmes.

✦ *Quand les hommes noirs héritent aussi du silence*

Mais ce poison ne nous frappe pas seules.

Les hommes noirs, eux aussi, héritent d'une masculinité fracturée.

On leur apprend à ne pas pleurer, à ne pas douter, à ne pas aimer autrement qu'en dominant. Le patriarcat colonial les a dressés à confondre dureté et puissance, domination et amour.

Carter G. Woodson l'avait déjà vu en 1933 :

> « On n'a pas besoin de dire à l'homme noir où s'asseoir. Si vous éduquez son esprit à la soumission, il y ira de lui-même. » The Mis-Education of the Negro (1933)

Soumission d'un côté, illusion de domination de l'autre.

Les hommes apprennent à taire leur tendresse, à étouffer leur peur, à cacher leurs blessures. **Mais un homme qui ne peut pas dire « j'ai** mal » devient souvent un homme qui fait mal. Leur douleur tue, non seulement eux-mêmes, mais celles qui les aiment.

Et nous, femmes, nous avons parfois accepté de nous sacrifier pour les « réparer ». Nous avons confondu amour et sauvetage. **Nous avons cru qu'en portant leurs blessures, les nôtres seraient allégées.**

Mais un amour qui exige qu'on se mutile n'est pas un amour : c'est un transfert de souffrance.

✦ **Une même racine, deux prisons**

Au fond, ce sont les deux faces d'une même médaille :

- Aux femmes, on a imposé la loyauté sacrificielle.

- Aux hommes, on a imposé le masque viril.

Deux prisons construites par la

même main coloniale, patriarcale, raciste. Deux héritages qui nous empêchent de respirer ensemble.

Et si nous voulons un avenir, il faudra briser les deux.

Mais si les hommes portent les cicatrices du contrôle, et si les femmes portent celles du sacrifice, il faut aussi voir ce que ces deux héritages deviennent une fois réunis.

Leur croisement fabrique une culture entière où le silence et la dureté ne sont plus seulement des réflexes de survie : ils deviennent des normes.

C'est là que le piège se referme.

✦ Silence et sacrifice : des stratégies de survie... devenues pathologies

Ce n'est pas un hasard si nous portons encore ce silence dans nos gorges et cette dureté dans nos gestes.

Ils n'ont pas toujours été des fai-
blesses : ce furent d'abord des
armes.

Nos mères ont survécu grâce au silence. Elles ont plié, encaissé, taisant
les douleurs pour protéger leurs enfants, pour éviter le fouet, pour sauver ce qui pouvait l'être.

Nos pères ont survécu grâce au contrôle. Ils ont serré leurs émotions,
leurs élans, leurs failles, parce qu'un
homme noir qui se montrait vulnérable face au colon signait sa propre
mort.

Mais ces stratégies de survie, une
fois transmises sans contexte, sont
devenues étouffantes.

Le silence s'est sédimenté en mutisme héréditaire.

Le contrôle s'est transformé en violence froide.

L'endurance est devenue une identité, presque un devoir sacré jusqu'à
l'auto-destruction.

Oyèrónkẹ Oyěwùmí, dans *The Invention of Women*, le montre avec
une acuité radicale :

> « La colonisation n'a pas
> seulement pillé nos
> terres ; elle a redessiné
> nos corps et nos genres.
> Elle a imposé des hiérar-
> chies qui n'existaient pas
> ainsi, elle a enfermé nos
> voix dans des silences
> qui n'étaient pas les
> nôtres. »

Autrement dit : le patriarcat africain qu'on nous fait passer pour «
traditionnel » n'est pas le nôtre.

Il a été **reconstitué, occidentale-
ment hiérarchisé**, adapté aux besoins du **colonisateur**, puis transmis

comme un devoir.

Ainsi, **le silence des femmes et le contrôle des hommes** ont cessé d'être **des protections** pour devenir **des pathologies sociales**, entretenues par nos propres communautés au nom de la "respectabilité" et de la « force ».

Cheikh Anta Diop, lui, rappelait que nos sociétés traditionnelles n'étaient pas bâties sur l'oubli mais sur la mémoire.

Elles reposaient sur la parole rituelle, sur la participation collective, sur la circulation vivante des histoires.

Là où l'Occident a semé l'individualisme, **nos ancêtres avaient construit le lien.**

Là où la modernité coloniale nous a appris à dissimuler, **nos traditions enseignaient à témoigner, à guérir**

par le verbe, par le chant, par le rituel.

Aujourd'hui, nous étouffons encore sous ces héritages empoisonnés.

Nous portons des stratégies de survie devenues prisons.

Et la question brûle : voulons-nous continuer à transmettre ces carcans à nos enfants, ou voulons-nous rouvrir la mémoire des sociétés où la vulnérabilité n'était pas honte, mais passage, où le soin n'était pas sacrifice, mais sagesse collective ?

Quand le silence devient une langue maternelle et que le contrôle se transmet comme une vertu, la douleur ne disparaît pas.

Elle change seulement de masque.

Elle circule entre nous, sous d'autres formes, travestie, banalisée.

C'est ainsi qu'elle devient une douleur

collective qui s'ignore.

✦ Une douleur collective qui s'ignore

Cette douleur, qui ne dit pas son nom, est partout.

Dans les non-dits familiaux, ces secrets qui empoisonnent les repas et plient les dos des grand-mères.

Dans les accusations d'ingratitude quand une fille ose dire « j'ai souffert ».

Dans l'épuisement silencieux des militantes qui se battent pour tous mais rentrent seules dans des lits froids.

Dans l'errance affective des hommes, incapables d'aimer sans posséder, blessés mais refusant de le reconnaître.

Dans les gestes brusques, les claquements de porte, les insultes jetées pour masquer une fragilité.

Dans les silences trop longs, plus lourds qu'un cri, hérités de générations qui n'ont jamais pu dire.

Parfois cette douleur se travestit.

Elle devient comédie, ironie, cynisme : on rit fort pour ne pas pleurer.

On banalise : « ce n'est pas si grave », « ça arrive », « c'est comme ça ».

Mais derrière le rire nerveux, les corps continuent de somatiser : fibromes, migraines, insomnies, hypertension.

Ce que la bouche refuse, la chair le raconte.

Joy DeGruy nous avertit dans *Post Traumatic Slave Syndrome* :

> « Ce qui n'est pas nommé s'inscrit dans le comportement. Et le comportement, transmis, devient

culture. »

Voilà le danger : nous héritons d'une culture de douleur niée, de traumatismes recyclés, d'un inconscient collectif abîmé qui passe pour « normal ».

Et tant qu'on l'ignore, cette douleur continue de saigner nos identités.

Elle fracture nos couples, alourdit nos amitiés, use nos militances, mine nos familles.

Elle nous fait croire que souffrir ensemble, c'est être « unis ».

Alors qu'en vérité, c'est juste survivre côte à côte, sans jamais vraiment guérir.

Mais elle continue de faire saigner nos identités.

✦ **Mini conclusion : sortir du poison**

transmis

Il ne suffit pas de dénoncer le poison.

Il faut le nommer, l'identifier, le regarder en face dans nos corps, nos gestes, nos silences.

Le poison ne disparaît pas en restant caché. Il se loge dans les fibres musculaires, dans les ventres douloureux, dans les insomnies et les éclats de colère qu'on ne comprend pas toujours.

Ce que nous portons n'est pas une fatalité.

Mais ce que nous refusons de voir nous consume à petit feu.

Chaque secret gardé « pour protéger la famille », chaque larme avalée « pour ne pas déranger », chaque cri rentré dans la gorge devient une dette que nos filles et nos fils paient sans jamais l'avoir contractée.

Il ne s'agit pas ici de distribuer des culpabilités.

Il s'agit de comprendre pourquoi, malgré toute notre beauté, malgré toute notre force, nous saignons encore.

Pourquoi nos corps tombent malades de ce qu'ils n'ont pas dit.

Pourquoi nos esprits trébuchent sur des hontes héritées.

Briser le cycle, ce n'est pas rejeter nos mères, nos pères, nos ancêtres.

C'est reconnaître qu'ils ont survécu comme ils ont pu mais que nous avons le devoir d'aller plus loin.

Le silence a sauvé des vies hier ; aujourd'hui, il en détruit. L'abnégation a permis de tenir hier ; aujourd'hui, elle nous tue.

Purifier cet héritage, c'est laver

ensemble ce qui a été souillé. C'est refuser de transmettre la douleur intacte.

C'est transformer les blessures en mémoire, mais une mémoire consciente, nommée, digérée. C'est offrir à nos filles et à nos fils non pas des dettes de souffrance, mais des héritages de vérité.

Parce que purifier ne veut pas dire effacer. Purifier, c'est rendre au trauma sa place dans le passé pour qu'il ne gouverne plus le présent.

C'est accepter que nous sommes à la fois cicatrices et guérisons, blessures et remèdes.

Et à partir de là, ensemble, nous pourrons écrire la suite autrement :

non plus en saignant pour exister, mais en vivant pour transmettre.

« Nous ne sommes

pas nées pour por-
ter des chaînes in-
visibles. Nous
sommes nées pour
respirer, aimer,
transmettre et
briser enfin l'héri-
tage du sang im-
posé. » Tabou
M'Bleue

L'Offrosorisme : une épis-témologie noire du sacrifice féminin

« La femme noire
saigne, souvent
pour tout le monde,
rarement pour
elle-même. » Tabou
M'Bleue

« Quand les femmes noires s'offrent, ce n'est pas toujours par amour. Parfois, c'est parce qu'on leur a appris qu'elles devaient se sacrifier pour exister. » Amina Mama

« Il faut cesser de faire de la douleur noire une condition d'entrée dans la dignité. » Thema Bryant

L'Offrosorisme est un concept forgé dans l'urgence, à la croisée du cri et de la pensée.

Un mot-valise. Une blessure nommée. Une brèche sémantique. Une tentative de capturer cette logique sacrificielle si profondément enracinée dans les trajectoires de femmes noires, qu'elle est devenue presque imperceptible.

Ce néologisme Offrosorisme fu-
sionne deux champs affectifs et politiques

Offrande : le don de soi, de son
temps, de son corps, de sa parole
souvent sous contrainte implicite,
naturalisée, glorifiée.

Sororicide : la violence intériorisée
entre sœurs, faite de rivalité intériorisée, de mise en concurrence affective, de conflit silencieux.

L'Offrosorisme, c'est cette mécanique sacrificielle invisible qui ronge
les femmes noires : une attente permanente de disponibilité, de don, de
silence, de loyauté même au prix
d'elles-mêmes.

Le concept désigne une **épistémologie noire du sacrifice**, c'est-à-dire
un savoir vécu, transmis, intériorisé,
souvent sans mots, qui structure
l'expérience des femmes noires au

sein des relations affectives, communautaires, politiques et sororales, ancrée dans l'histoire, intériorisée par les corps, recyclée par les communautés et parfois glorifiée comme noblesse.

✦ *Une épistémologie incarnée, forgée dans la survie*

Le savoir dont il est question ici n'est pas académique au sens occidental.

C'est un **savoir-corps**, un **savoir-âme**, une connaissance qui circule par le geste, par la fatigue, par la transmission silencieuse d'un regard ou d'une posture.

bell hooks, dans *Teaching to Transgress* (1994), insiste sur l'importance de penser la connaissance à partir des lieux de marge. L'Offrosorisme s'inscrit dans cette lignée de savoirs **contre-hégémoniques**, produits à partir de l'oppression mais ne s'y réduisant pas.

Ce concept permet de nommer une dynamique que la pensée coloniale n'a jamais jugée utile de théoriser : celle où les femmes noires **portent les structures affectives et morales des communautés**, tout en étant les premières à s'effacer pour maintenir la cohésion.

✦ *Une historicité du sacrifice : la femme noire comme pilier silencieux*

Historiquement, l'Offrosorisme s'enracine dans la fonction *utile* assignée aux femmes noires pendant l'esclavage, la colonisation et la ségrégation.

Leur capacité à supporter l'insupportable a été transformée en norme.

Comme l'explique **Claudine Michel**, dans ses travaux sur la spiritualité haïtienne, le corps féminin noir a été à la fois sanctuarisé et exploité —

élevé au rang de « matrice de résistance » tout en étant consumé dans
l'effort communautaire.

Awa Thiam, dans La Parole aux
femmes noires (1978), parle d'un «
dressage » à l'amour sans retour, au
silence, à la résignation.

Ce n'est donc pas qu'une question de
psychologie, mais bien d'anthropolo-
gie affective et politique noire.

✦ *Une analyse multidimensionnelle :*
amour, militance, communauté

L'Offrosorisme est un système. Un système qui traverse plusieurs sphères :

- **Amour** : Tu pardonnes tout, tu
  absorbes tout. Tu deviens soin,
  jusqu'à disparaître dans le
  soin.

- **Militance** : Tu es celle qui organise, qui tient, qui console.
  Mais on ne te célèbre que dans

l'ombre.

- ✦ **Sororicide** : Tu te tais pour « ne pas diviser ». Tu caches ta douleur pour « ne pas trahir ». Tu subis la concurrence silencieuse au nom d'une « sororité sacrée ».

Patricia Hill Collins, dans Black Feminist Thought (1990), théorise le concept de « l'autre-mère » : celle qui prend soin de tous, mais que personne ne protège.

L'Offrosorisme prolonge cette idée : il montre que ce rôle de soutien devient, dans les communautés noires, une prison affective où la reconnaissance ne vient jamais.

✦ *Une dimension spirituelle et corporelle*

Le sacrifice ne s'impose pas uniquement par le discours.

Il s'ancre dans les corps : **fatigue**

chronique, **douleurs somatisées,
troubles du désir, angoisse dif-
fuse**, perte de mémoire de soi.

Thema Bryant dans Homecoming
(2022), alerte sur ces formes de
trauma déguisé en normalité.

Tricia Hersey, dans Rest is Resistance, parle de « capitalisme du soin
» dans les communautés militantes :
les femmes noires deviennent des
ressources épuisables, et le repos,
un acte de trahison.

L'Offrosorisme a aussi une dimension spirituelle : il s'habille parfois
de noblesse, de foi, de morale. On
apprend aux femmes à offrir leur
énergie comme offrande sacrificielle, comme si Déesse-Dieu, les Ancêtres, ou la Communauté exigeaient
leur épuisement.

Mais **Queen Afua** nous le rappelle :

« Il n'y a pas de

guérison dans le sacrifice sans conscience. Il y a juste prolongation du déséquilibre. »
Sacred Woman

✦ *Une logique recyclée, glorifiée… à déconstruire*

L'Offrosorisme est pervers parce qu'il est **récupéré par le discours même de la fierté noire.**

On célèbre les femmes « fortes », les « mères courage », les « sœurs piliers », mais à quel prix ?

Même dans les espaces décoloniaux, on exige de nous qu'on saigne avec grâce.

Et quand une femme dit **STOP** ?

On la traite d'égoïste. De trop. De pas assez « réveillée ».

Comme le dit **Amina Mama**, l'une des pionnières du féminisme africain,

« La majorité des
femmes noires sont éle-
vées dans une culture où
leur propre bien-être est
considéré comme une
trahison. »

✦ **Mini conclusion : un concept
pour désenvoûter la norme sacrificielle**

L'Offrosorisme, c'est une tentative
de **désenvoûtement collectif.**

Un concept pour comprendre, pour
dénoncer, pour transformer.

Il ne s'agit pas de rejeter le soin,
l'amour, la solidarité. Mais de les **dé-
sembourber** du sacrifice.

De réclamer une place pour l'amour
réciproque, le militantisme équilibré,
la sororité réelle pas celle qui exige
qu'on se tue pour « la cause ».

Ce concept, forgé par Tabou M'Bleue

(moi-même), est une clé.

Pour que les femmes noires puissent aimer, militer, exister... **sans se dissoudre.**

Transmettre sans blesser : pour nos filles, pour nos fils

« Il y a des mères qui aiment à la folie. Mais parfois, cette folie, c'est de ne pas se choisir une seule fois. »
Tabou M'Bleue

Nous ne voulons pas devenir celles qui lèguent des chaînes en les appelant héritage. Et pourtant, même sans le vouloir, nous transmettons parfois le poison que nous avons reçu : le silence, la honte, l'idée qu'il faut tout donner ou disparaître.

✦ *Héritage non-dit : les cris murmurés, les gestes d'oubli*

La transmission du trauma, ce n'est pas toujours dans ce qu'on dit. C'est dans ce qu'on ne dit pas. C'est ce regard qu'on baisse quand une question trop vraie surgit.

C'est ce changement de ton quand une fille parle de son corps, de son désir, de sa colère.

Audre Lorde disait :

> « Ce que nous taisons s'accumule, jusqu'à ce que cela nous fasse hurler de l'intérieur. » Sister Outsider

Le silence est une langue que nos mères ont trop bien parlée. Mais quand il se transmet, il devient mutisme générationnel.

✦ *L'amour sacrificiel : cette arme à*

double tranchant

Nos mères ont aimé. Fort.

Parfois à s'en éteindre. Parfois à nous étouffer.

Leur amour était souvent l'unique ressource dans un monde hostile.

Mais cet amour était aussi saturé de peur : peur qu'on tombe, peur qu'on parle trop, peur qu'on soit trop libres.

bell hooks écrit:

> « L'amour noir a souvent été une forme de protection. Mais il doit aussi devenir une forme de libération. » Salvation: Black People and Love

On ne peut pas continuer à aimer nos enfants comme si le monde allait toujours leur faire la guerre.

500

On doit aussi les aimer pour qu'ils apprennent à vivre sans s'effacer.

✦ *Nos filles : ne plus transmettre l'art du sacrifice*

À nos filles, on apprend trop souvent à être utiles avant d'être libres. À se méfier du plaisir. À se sacrifier pour mériter l'amour.

On leur apprend à sourire quand elles voudraient crier, à porter quand elles voudraient danser, à encaisser quand elles voudraient simplement exister.

Queen Afua nous rappelle :

> « Si nous voulons guérir nos filles, il faut d'abord guérir les blessures que nous avons normalisées. »
> *Sacred Woman*

Parce qu'il ne s'agit pas seulement de leur transmettre des recettes de

cuisine, des prières ou des proverbes.

Il s'agit de leur apprendre à se reposer sans culpabiliser. À dire « non »
sans trembler. À désirer sans honte.
À poser leurs limites comme on pose
une couronne.

La lutte féministe afrocentrée, wo-
manism ou même maternisme, ici,
c'est refuser de perpétuer le modèle
de la mère martyre.

C'est dire à nos filles : tu n'es pas
née pour saigner pour les autres. Tu
n'es pas une dette vivante, tu n'es
pas une ressource inépuisable. Ton
corps n'est pas une armure qu'on use
jusqu'à l'os.

Tu es ton propre centre, ta propre
terre promise.

Refuser que le soin soit une punition.
Refuser que la loyauté soit une
dette. Refuser que la tendresse se

paie de ta chair.

Parce que la vraie transmission n'est pas dans l'art de souffrir en silence.

Elle est dans l'art de respirer libre, de marcher entière, de s'aimer sans s'excuser.

Nos filles n'ont pas besoin d'apprendre la survie. Elles ont besoin d'apprendre la vie.

✦ *Nos fils : reconstruire sans virilisme ni sacrifice*

Ils héritent d'une autre blessure. Celle de devoir être forts sans être tendres. De ne pas pleurer. De ne pas douter. De ne pas aimer trop fort ou pas du tout.

Amos Wilson posait un constat brutal :

> « La masculinité noire a été déformée par la nécessité de survivre dans

Mais survivre, ce n'est pas vivre.

Et nous **ne pouvons pas leur transmettre uniquement des poings ser-
rés et des silences ravalés.** On ne
peut pas leur léguer la colère sans la
tendresse. La fierté sans la vulnérabilité. Le combat sans le soin.

Thema Bryant, psychologue afro-
américaine, insiste :

Parce que **la virilité toxique** n'est
pas une protection : c'est une prison.

Un fils qui apprend à **réprimer ses**

larmes devient **un homme qui ex-plose en violence.**

Un fils qui apprend à **mépriser la tendresse** devient **un homme qui ignore l'amour.**

Un fils qui croit que **la domination est son seul langage** devient **un frère qui détruit la maison** qu'il prétend défendre.

Nos fils ne sont pas nos dieux. Ni nos chefs. Ni nos petits rois à sauver.

Ce sont des êtres en devenir, et ils ont besoin d'autre chose que d'une **masculinité sacrifiée** ou destructrice.

Ils ont besoin qu'on leur enseigne que la douceur n'est pas une faiblesse.

Que le soin est une force. Que la vulnérabilité puisse être un héritage noble, transmis comme une arme contre le monde qui les réduit à des corps suspects.

Reconstruire nos fils, c'est leur apprendre à être entiers.

À marcher sans porter l'armure coloniale du « mâle indestructible ». À se savoir hommes sans avoir besoin d'écraser. À s'aimer eux-mêmes pour ne pas chercher leur valeur dans la douleur des autres.

Parce que **nos fils** ne seront **pas libres** tant qu'ils croiront que **leur dignité se mesure en domination.**

Et **nous** ne serons **pas libres** tant qu'ils ne sauront **pas aimer sans faire saigner.**

✦ **Témoignage anonyme – une fille, une mère, une rupture**

J'avais 12 ans quand j'ai entendu ma mère dire à sa sœur :

- Elle est forte, elle est comme
  moi, elle tiendra.

J'ai voulu lui crier :

- Mais je ne veux pas être
  comme toi, Maman !
  Je l'ai jamais dit. Jusqu'au jour
  où je suis tombée, littéralement, d'épuisement. Hospitali-
  sée pour « burnout émotionnel
  ».
  À 21 ans. Ce jour-là, elle est
  venue, les yeux pleins de pa-
  nique, et elle a dit :
- Je voulais que tu sois forte. Je
  t'ai oubliée douce.

On a pleuré ensemble. Pour la première fois. Depuis, on essaie d'aimer
autrement. Plus lentement. Avec des
mots. Des questions. Des silences
guéris.

✦ Une transmission réparée : alliance
lucide, soin et vérité

Wangari Maathai disait :

> « On ne peut pas
> planter la paix dans
> un sol empoisonné.
> Il faut d'abord
> nettoyer la terre.
> »

Nous avons été cette terre blessée.

Mais nous pouvons être aussi les jardinières d'une autre lignée.

Tricia Hersey, dans Rest is Resistance, nous rappelle que :

> « La guérison est
> une forme d'héritage. Refuser de
> saigner, c'est une
> offrande. »

Transmettre autrement, c'est ça :

+ Refuser de glorifier l'épuisement.
+ Offrir des outils au lieu de

fardeaux.

- ✦ Laisser aux enfants le droit
  de ne pas être des guerriers.

**✦ Mini conclusion : un pacte de
tendresse, une révolution**

On ne sauvera pas nos filles en les
formant à souffrir.

On ne sauvera pas nos fils en les
coupant de leur tendresse.

Ce qu'on veut leur donner, c'est
autre chose.

Des bras sans chaînes.

Des mots sans poison.

Une lignée qui ose dire : « *Je t'aime,
mais pas au prix de moi-même.* »

Et ça commence ici. Par nous.

Par toi. Par moi. Par celles et ceux
qui refusent de reproduire l'abîme
en héritage.

Une pédagogie pour nos filles : l'école des mères insurgées

« Je ne veux pas que ma fille apprenne à survivre. Je veux qu'elle apprenne à vivre. À choisir. À nommer. À refuser. À jouir. » Tabou M'Bleue

« *Notre tâche en tant que mères conscientes n'est pas seulement de nourrir le corps de nos enfants, mais de nourrir leur puissance.* »

Queen Afua, Sacred Woman

Il ne suffit pas de dire « *plus jamais* ».

Il faut aussi dire « *voilà comment* ».

Car le trauma non transformé devient héritage. Et nous, mères noires, sœurs noires, éducatrices noires, avons été trop souvent éduquées dans l'ombre de la peur : la peur d'être seules, de mal faire, d'être jugées, d'échouer.

On nous a transmis l'endurance, rarement le plaisir. La force, jamais le droit à la faiblesse. La dignité, oui mais une dignité parfois tellement lourde qu'elle brise l'âme.

Alors il faut réinventer. Repenser. Rebâtir.

Non plus une éducation pour survivre dans un monde violent, mais une pédagogie de la souveraineté.

✦ *Sortir de la pédagogie de la peur :* *transmettre des outils de vie, pas seulement des alertes*

Pendant des générations, nous avons été éduquées dans l'urgence.

On nous disait de faire attention, de ne pas trop parler, de ne pas faire confiance, de tenir bon.

Mais où étaient les rituels de joie ? Les espaces de souffle ? Les transmissions du désir ?

Il ne suffit plus de dire à nos filles : « *Protège-toi.* »

Il faut aussi leur dire : « Voici comment t'aimer. » « Voici comment refuser sans culpabilité. » « Voici comment écouter ton intuition, honorer ton corps, créer ta propre vérité. »

✦ *Spiritualité incarnée : soin du corps, rituel, souffle*

L'une des premières souverainetés à restituer aux filles noires, c'est celle du corps.

Non pas dans une perspective de contrôle ou de morale, mais dans une logique de soin, d'écoute et de sacralisation du vivant.

Queen Afua parle du corps comme d'un temple sacré, non au sens puritain, mais au sens énergétique :

> « Nos douleurs sont des messages. Nos organes portent nos mémoires. Guérir, c'est écouter. »
> Sacred Woman,

Sobonfu Somé, femme guérisseuse du peuple Dagara, insistait sur l'importance du rituel dans l'éducation affective et spirituelle.

Elle transmettait l'idée que sans rituels, la communauté s'effondre et que les filles, si on ne les initie pas à la souveraineté de leur souffle, deviennent des réceptacles de douleurs qui ne leur appartiennent pas.

C'est pourquoi il nous faut transmettre :

- L'écoute du cycle menstruel non comme fardeau, mais comme rythme sacré.

- L'usage des plantes, des bains, des respirations comme médecine quotidienne.

- Le droit au repli, au silence, au refus de répondre.

- La conscience que la guérison est un droit, pas un luxe.

✦ Une révolution affective : droit au soin, droit au plaisir

Trop de filles noires apprennent encore que la valeur se gagne par la souffrance. Que l'amour, c'est tenir, attendre, réparer l'autre. Que le plaisir, c'est sale. Que le désir, c'est suspect.

Il faut briser ces chaînes.

bell hooks, dans All About Love, le dit sans ambages :

> « L'amour, ce n'est pas le sacrifice constant. C'est la croissance réciproque. »

Amos Wilson insiste:

> « La libération affective commence dès l'enfance, par ce qu'on autorise comme expression émotionnelle. » Awakening the Natural Genius of Black Children

Transmettre aux filles le droit d'aimer sans s'oublier, de jouir sans honte, de mettre fin à une relation sans remords, c'est aussi une révolution.

C'est leur dire : « Tu es digne, même

sans être utile à quelqu'un. »

Dans le monde qui les attend, nos filles seront encore confrontées à l'invisibilisation, à l'hyper-interprétation de leurs émotions, à l'attente sacrificielle.

Alors il faut leur donner **un langage propre**.

Pas celui des dominants. Pas celui des institutions. Pas celui de la survie.

Mais **leur langue**. **Leur verbe**. **Leur TikTok** où elles crient leur vérité. **Leur journal** de douleur et de rêve. **Leur slam** d'utérus et de feu.

Renina Jarmon le rappelle :

> « L'écriture est
> une technologie de
> survie transmise

516

par les femmes
noires depuis l'es-
clavage. Elle per-
met de recons-
truire un moi frag-
menté. » Black Femi-
nist Healing Praxis,

Écrire, c'est semer un territoire.
C'est créer une archive. C'est dire au
monde : « Je suis là, même si tu ne
veux pas m'entendre. »

✦ *Choix affectifs et communautaires :
apprendre à désobéir aux loyautés
toxiques*

Combien de fois avons-nous été éduquées à supporter ? À nous taire ?

À « comprendre » ceux qui nous pié-
tinent ?

**Nos filles doivent savoir qu'elles
ont le droit :**

+ De choisir leurs alliances,
  même contre la famille.

- De refuser une communauté qui les épuise.

- De créer leur cercle, leur spiritualité, leur langue.

- De se retirer, sans justification, sans sacrifice.

Toni Morrison nous a prévenues :

> « Le prix de la liberté, c'est parfois la solitude. Mais le prix de l'attachement toxique, c'est la disparition. » Beloved,

✦ *Des alternatives concrètes à transmettre*

Pour que cette pédagogie ne reste pas une abstraction, il faut transmettre aussi des lieux et rituels :

- Cercles de parole non mixtes afro.

⁎ Rituels de passage à l'âge menstruel.

⁎ Herboristerie transmise entre générations.

⁎ Slams communautaires.

⁎ Espaces TikTok, blogs, DM où se dire sans être jugée.

⁎ Groupes de repos, de silence, de danse, de rien.

Et leur dire que ce n'est pas du luxe.

Que ce n'est pas un caprice.

Que c'est l'essence même de leur puissance.

✦ Mini conclusion

Nous ne voulons plus transmettre la peur. Nous ne voulons plus enseigner le silence comme refuge.

Nous voulons éduquer à la souveraineté. À la présence. À la joie. À la lucidité.

Nos filles doivent hériter de notre force, mais pas de nos plaies. De nos savoirs, mais pas de nos silences. De notre amour, mais pas de nos sacrifices.

Et pour ça, il faut fonder une école.

Pas celle de l'État.

Mais l'école des mères insurgées.

Une école où écrire est un soin, refuser est un droit, guérir est un geste politique, et s'aimer est un fondement révolutionnaire.

Langue noire, parole libre : l'écriture comme transmission insoumise

« La parole, comme l'amour, est un risque sacré. » Tabou M'Bleue

Il faut parler. Pas pour plaire. Pas
pour décorer les luttes.

Mais pour respirer.

Parce que dans nos veines, il y a des
mots qui n'ont jamais été dits.

Parce qu'on nous a trop appris à bien
parler, à bien formuler, à ne pas déranger.

Parce que même dans les cercles militants, on exige souvent une langue
propre, polie, digérable une langue
blanchie, même quand elle est noire.

Et pourtant...

Parler, écrire, hurler parfois, c'est
notre première désobéissance.

C'est refuser de laisser les récits dominants dire à notre place ce que nous avons vécu.

✦ *Le verbe comme archive vivante et contre-mémoire*

L'histoire coloniale a toujours tenté de nous **faire taire**.

Par le fouet, par l'école, par la psychiatrie, par la respectabilité.

June Jordan l'a écrit :

> « Nous sommes les poètes qui n'ont jamais eu de droit d'auteur. Les chroniqueuses d'une histoire qu'on ne voulait pas entendre. »

Alors écrire, c'est construire une archive parallèle.

Une bibliothèque invisible, mais

vivante.

Un lieu où nos douleurs, nos désirs, nos cris, deviennent mémoire collective.

Tricia Rose, dans Longing to Tell, analyse comment les récits des femmes noires sont disqualifiés non pas parce qu'ils sont faux, mais parce qu'ils sont trop vrais, trop désordonnés, trop dérangeants pour les structures établies.

La langue noire, c'est celle qui tremble mais persiste.

Celle qui pleure mais politise. Celle qui refuse l'oubli.

✦ *Parler pour guérir, écrire pour survivre, transmettre pour exister*

Il n'y a pas de soin profond sans parole libérée.

Pas de transmission sans une langue qui assume ses cicatrices.

Renina Jarmon, dans sa Black Feminist Healing Praxis, affirme que l'écriture permet de « recoller les morceaux d'un soi éclaté par le racisme, le sexisme et le silence forcé. »

Chaque mot posé devient :

- Une plaie nommée.

- Un souffle retrouvé

- Une ligne de résistance contre l'effacement.

Quand une femme noire écrit, elle reconstruit son territoire.

Quand elle parle sans filtre, elle brise les murs du mutisme organisé.

Même un poème en story.

Même un vocal qu'elle n'envoie jamais.

Même une note dans le téléphone.

Tout est transmission. Tout est

archive. Tout est sacré.

On nous dit encore :

- « Tu vas trop loin. »

- « Tu vas faire fuir les gens. »

- « C'est pas comme ça qu'on fait avancer la lutte. »

- « Tu ne peux pas dire ça, tu vas diviser. »

Mais de quoi a-t-on peur, en vérité ? De nos larmes ? De notre rage ? De notre lucidité ? De nos mots trop chauds pour les cœurs tièdes ?

bell hooks l'avait dit avec une puissance limpide :

> « Les femmes
> noires sont punies,
> non pas pour ce
> qu'elles font, mais
> pour ce qu'elles

disent ou refusent de taire. » Talking Back

Et encore plus si elles osent parler de :

- Sexe.

- Plaisir.

- Violence intracommunautaire.

- Trahison sororale.

- Spiritualité non chrétienne et musulmane.

- Désir d'exil.

La parole noire doit encore se justifier, même dans les espaces « conscients ».

Elle doit être utile, propre, bien rythmée.

Mais parfois, ce qu'il nous faut, c'est un mot crié de travers.

Un mot « sale ». Un mot nu.

✦ *Comment les mots blessent… et comment ils réparent*

Les mots ont été nos chaînes et peuvent devenir nos clés.

Les mots des pères absents.

Les mots des mères blessées.

Les mots des militants exigeants.

Les mots des profs qui ne nous voyaient pas.

Mais aussi :

- Les mots de la sœur en DM qui dit « *Tu n'es pas folle* ».

- Les mots de la grand-mère qui répète « *On a survécu* ».

- Les mots griffonnés dans un carnet à l'adolescence, comme un talisman

- La parole noire n'est pas qu'un outil.

- Elle est magie, mémoire,

médecine.

✦ *Une transmission insoumise*

Transmettre, ce n'est pas formater.

Ce n'est pas imposer.

C'est ouvrir des pistes, allumer des torches, laisser des traces.

Ce chapitre, ce livre, ce souffle, sont une lettre ouverte à toutes celles qui veulent parler autrement.

Pas pour flatter les structures.

Mais pour bousculer les silences.

Parce qu'on ne veut plus que nos filles n'aient que des chansons tristes à hériter.

Parce qu'on ne veut plus leur enseigner la parole comme un piège. Mais comme un droit. Une arme. Un feu sacré.

« Quand une

femme noire parle
avec sa vraie voix,
le monde s'en-
flamme. Mais c'est
peut-être le feu
dont il a besoin. »
Tabou M'Bleue

Un pacte nouveau : ne plus mourir pour aimer, ne plus saigner pour être vues

« On nous a appris à aimer jusqu'à disparaître. Aujourd'hui, on apprend à aimer sans se nier. »

Tabou M'Bleue

Ce chapitre a posé les fondations d'une libération intime et collective. Une à une, les couches du sacrifice ont été grattées, exposées, dénoncées. Et, comme un fil rouge tressé dans l'ombre, un concept s'est glissé partout : **l'Offrosorisme**.

Parfois nommé. Souvent incarné.
Toujours présent.

Dans nos mères qui se sont tues.
Dans nos sœurs qui ont tout donné.
Dans nos luttes sans repos. Dans nos
amours qui nous ont essorées.

L'Offrosorisme est là, tapi dans les
gestes d'amour mal reçus, dans les
silences trop longs, dans les frater-
nités bancales et les maternités sacrificielles. Il a traversé ce livre
comme une présence spectrale et
c'est ici, dans ce dernier souffle, que
nous le confrontons à voix haute.

Mais ce que nous refusons, ce n'est
pas l'amour. Ce n'est pas la lutte. Ce
n'est pas la communauté.

Ce que nous refusons, c'est **le pacte
de sang** : celui qui exige qu'on meure
pour être aimées, qu'on s'efface pour
être légitimes, qu'on saigne pour

être vues.

Nous voulons un autre pacte. Un pacte vivant.

Un pacte entre mères et filles :

👣 Qui ne transmet pas le sacrifice comme héritage sacré.

👣 Qui enseigne les limites comme preuve d'amour.

👣 Qui voit dans le soin une forme de militantisme.

Un pacte entre sœurs :

🖤 Qui ne se construit pas sur la rivalité silencieuse, mais sur la co-élévation.

🖤 Qui ne demande pas de se sacrifier pour être acceptée.

🖤 Qui transforme la sororité en espace de guérison, pas en performance.

Un pacte entre femmes noires et

hommes noirs :

- Qui refuse le silence complice, l'impunité masquée, la hiérarchie affective.

- Qui exige la responsabilité émotionnelle des frères éveillés.

- Qui convoque la vérité comme condition de l'amour.

Ce pacte, nous ne l'héritons pas.

Nous le créons. Avec nos cicatrices. Avec nos mémoires. Avec nos encres, nos voix, nos refus et nos renaissances.

✦ Slam « *Pacte de souffle, pas de sang* »

Je t'offre un pacte, pas une plaie.

Un souffle, pas un serment de douleur.

Plus jamais la langue arrachée pour la paix du groupe.

Plus jamais le cœur vidé pour sauver l'apparence.

Je t'offre des mots qui saignent, mais pour guérir.

Je t'offre des liens, qui ne te pend pas au cou.

Fille de martyres et de silences, je déchire ici l'ancien contrat :

Celui où aimer, c'était se taire.

Celui où lutter, c'était s'épuiser.

Celui où exister, c'était se nier.

Je veux que nos filles :

Parlent,

Pleurent,

Jouissent, et vivent.

Je veux que nos fils :

Aiment,

Ecoutent,

Guérissent,

et choisissent un autre héritage.

Je veux des alliances sans chaînes.

Des tendresses sans piège.

Des cercles sans bourreau.

Je veux que l'Offrosorisme s'éteigne
dans ce livre

comme une torche trop longtemps
tenue.

Et qu'à la place,
une lignée se lève.
Pas de martyres.
Pas de saintes.
Mais des vivantes.
Et des vivants. Tabou M'Bleue

Ce texte appelle à **rompre avec
l'héritage du sacrifice** imposé aux
femmes noires, en proposant de
**nouveaux pactes fondés sur le res-
pect, la responsabilité et l'amour**

véritable. Il prône des relations entre mères et filles, sœurs, femmes noires et hommes noirs, qui reposent sur la transmission de la dignité, le soin de soi, la vérité et la solidarité, plutôt que sur la souffrance et le silence. Le texte célèbre la création d'une lignée de vivantes et de vivants, affranchis du martyre et du déni de soi.

A bientôt

Tabou M'Bleue

*« Nous n'étions pas faibles.
Nous étions exploitées. Désormais, nous ne
saignerons plus en silence «*
    Tabou Mbleue

*« Je ne mourrai plus pour maintenir l'illusion.
Que chacun porte enfin son propre poids. »*
    Tabou M'Bleue

Sommaire – Slamologie noire

Slamologie noire : mots pour ne plus se taire *Tabou M'Bleue*

Le slam, chez nous, est plus qu'un art. C'est une mémoire sonore. Une prière blessée. Une révolution sans fusil.

La slamologie noire est cette science de l'âme parlée. Une poétique politique, forgée par les cicatrices et les rituels.

Ici, les mots ne divertissent pas : ils libèrent. Ils tracent les frontières entre le silence imposé et la voix retrouvée.

Cette page clôt le livre, mais elle ouvre une lignée. Celle de celles qui disent, crient, murmurent pour ne plus jamais disparaître.

FEMME NOIRE, SACRÉE, GUÉRIS

Guéris...

Pas parce qu'on te le demande,

Mais parce que ton souffle est fondation,

Parce que sans toi, le monde noir n'a pas de colonne vertébrale.

Tu es la racine, la rivière, la lune et la forge,

Tu portes l'ombre de l'histoire sur tes hanches,

Des chaînes effacées dans ton ventre,

Et des berceuses de révolte dans ta voix.

Guéris...

Pour que ton regard ne tremble plus

dans le miroir,

Pour que ta chair ne soit plus mémoire de guerre,

Mais temple, offrande, royaume.

 Guéris...

Car quand tu te lèves,

c'est tout un peuple qui redresse
l'échine.

Quand tu marches,

 La terre noire reprend ses chants.

 Et quand tu aimes ton propre corps,

 l'univers réapprend le respect.

 Femme noire,

ton yoni est un sanctuaire, ton cœur
un tambour sacré.

Tu n'es pas née pour tout porter,

Mais pour réapprendre à poser,

à pleurer, à rire, à guérir.

Guéris pour toi.

Guéris pour celles qu'on a fait taire.

Guéris pour ceux qu'on a brisés.

Guéris pour que demain soit tissé
avec ta lumière.

Car le monde noir ne sera jamais
libre,

tant que ses déesses marchent blessées.

Alors guéris,

et que ton cri

devienne poème,

et que ton poème

devienne pouvoir.

Femme noire guéris, femme sacrée
guéris. Tabou M'Bleue

IDENTITÉ NOIRE

Le futur est la petite fille du passé.

Qu'est-ce que l'identité ? Peut-on aspirer à une souveraineté sans passer par une rétrospection identitaire ?

Peut-on se passer de notre passé ? Le passé est-il un marqueur identitaire ?

Toi, jeune Kem, jeune africain, jeune afro-caribéen, jeune nègre,

Peux-tu dire que tu es un ignorant à notre ère où la connaissance règne en maître ?

Maîtriser l'information,

Maîtriser la connaissance,

C'est maîtriser son destin, son identité, sa souveraineté.

Souveraineté qui peut être acquise

dès qu'on est conscient de soi et de son identité.

Identité, qui se reflète en toi et à travers toi.

Rappelle-toi que tu es descendant des guides de l'humanité.

N'oublie jamais d'où tu viens, car tu ne sauras pas où aller !

Ton identité est ton éveil,

Et ton réveil sera la gloire de la nation noire.

Je parlerai de cette lutte contre aliénation imposée,

Imposée par la France, les Belges, les Portugais, les Arabes et toutes les autres nations.

Nous avons été et nous sommes soumis à cette dictature physique et spirituelle.

Toi, jeune Kem, noire, peau ébène,

Resteras-tu encore soumis à cette identité qui t'a été marquée au fer rouge ?

Veux-tu être encore à cette place qui t'a été donnée par l'impérialiste ?

Par ses mots, je dirai :

Nous savons tous qu'il n'y a pas de dignité pour ceux qui attendent tous des autres.

L'impérialisme nous guette, telle une hyène dans la savane.

Soyons dignes de notre liberté acquise par le sang de nos ancêtres.

Ancêtres qui se sont battus tels des lions et lionnes pour cette liberté.

Liberté, Connaissance, Identité doivent-être notre devise.

Je finirai par ces mots :

Un bon Noir, est un bon père, une bonne mère, un bon fils, une bonne fille, un bon époux, une bonne épouse,

Et surtout un BON SOLDAT. Tabou M'Bleue

MWEN SE AYITI

Je suis le fil de fer de la liberté,

Je suis la mémoire du Bois Caïman et de Vertières,

Je suis l'écho des chaînes brisées,

Je suis Ayiti.

Je suis la flamme dans les yeux de Dessalines,

Quand il dit :

« Pour qu'un peuple soit libre, il faut qu'il le veuille ! »

Et moi je le veux,

Je le crie, je le hurle,

Je le pleure quand on vend mon âme

au plus offrant

Sous le drapeau de l'aide internatio-
nale.

Je suis le poing levé de Catherine
Flon,

Je couds dans mes veines les douleurs de la nation.

Je recouds notre drapeau entre
deux silences,

Celui des ancêtres qu'on piétine

Et celui des enfants qu'on abandonne.

« L'union fait la force »,

Mais dans quelle bouche ?

Quand les nôtres s'étripent pour un
poste,

Quand nos terres sont offertes aux
vautours

Et nos côtes aux naufrages

diplomatiques.

Je suis Haïti debout, même à genoux.

Je suis la gorge serrée d'un peuple

Qu'on accuse d'émotion

Mais qui vit chaque jour une révolution

Sans tabou ni caméra.

Pas de Netflix pour nos drames,

Seulement le sang, la sueur et l'espoir.

Je suis Makandal qui souffle dans
les racines,

Je suis Bookman dans les rites,

Je suis Charlemagne Péralte, Kapoi
la mort (mo) qu'on crucifie,

Mais qui jamais ne trahit la patrie.

Je suis la colère digne d'Anténor
Firmin

Quand il prouve que la race noire
n'est pas inférieure,

Mais que le monde est sourd et que
l'Histoire ment.

Je suis les larmes de l'enfant qui
vend des pistaches à Delma

Et le cri silencieux de la mère qui
prie sans fin à Carrefour.

Je suis les rues de Port-au-Prince en
colère,

Les tambours de Jacmel en mémoire,

Les murs du Cap-Haïtien en résistance.

Je suis ce peuple qu'on traite d'éternel mendiant

Alors qu'il fut le premier à renverser
l'oppression!

« Vivre l'indépendance ou mourir ! »
disait Dessalines,

Mais la mort vient plus vite que

l'indépendance aujourd'hui…

Et pourtant…

Je ne demande ni pitié, ni pardon.

Je réclame respect, mémoire, réparation.

Je tends la main,

Mais pas pour quémander – POUR BÂTIR.

Je tends la voix,

Mais pas pour slamer l'exil – POUR REVENDIQUER L'AVENIR.

Je suis celle, celui, ce peuple qu'on enterre vivant.

Mais qui chaque matin

Fait refleurir l'espérance sur les ruines du mépris.

Têtu comme nos montagnes,

Fier comme nos tambours,

Sacré comme nos Ancêtres.

Je suis Ayiti.

Pas une victime.

Un volcan qui rêve encore.

Et qui, un jour,

Fera trembler l'injustice.

Je suis Ayiti.

Je suis les cendres et le feu,

La prière et le combat.

Je suis ce rêve noir

Que même l'enfer n'a pas su détruire.

Je suis Ayiti.

Ayibobo. Ayibobo. Ayibobo. Tabou
M'Bleue

CHÈRE COMMUNAUTÉ

Je t'écris ces mots avec amertume.

Une amertume que je ne saurais décrire.

Je me suis élevée à une hauteur pour regarder.

Regarder quoi ? Qui ?

Demanderez-vous.

Mais vous, ma chère communauté !

Je t'écris ces mots pour te crier ma peine, ma douleur, ma souffrance.

Cette souffrance que seul toi et moi pouvons comprendre.

La souffrance du fer de l'esclavage,

La souffrance du fer de la colonisation,

La souffrance du fer du lucifer blanc,

Blanc comme neige,

Neige rude et féroce.

Une férocité qui a gravé des cicatrices sur ta peau kem, peau d'ébène.

Cette férocité blanche qui te demande d'oublier.

D'oublier ces cicatrices à jamais gra-
vées.

Ma très chère communauté,

Je me lève et je vous dis.

Oublier une cicatrice, c'est demander à un aveugle son chemin.

Et notre chemin ne peut être con-
duit par un aveugle.

Ma chère communauté, je vous le
dis,

Ils nous mitraillent de toute part.

Ils nous forcent à nous exiler,

Ils récupèrent notre jeunesse pour
qu'elle devienne des traîtres et des

esclaves.

Ma chère communauté,

Choisissons d'être esclaves de notre propre lutte

et non de l'égrégore blanc.

Blanc comme neige,

Neige brute et bestiale.

Ma très communauté,

Je me lève et je vous demande de vous lever et leurs dire :

Nous sommes les descendants de ceux marqués au fer rouge.

Nous portons en nous la douleur causée par le diable blanc.

Nous sommes les enfants que les blocs de glace ont transpercés sans atteindre leurs cœurs.

Nous sommes les dignes filles et fils de mère Kama.

C'est pour cela que nous crions la patrie ou la mort !

C'est pour cela que nous crions liberté ou la mort !

C'est pour cela que nous vaincrons l'homme de glace.

Ma très chère communauté,

Je t'écris pour que mes mots puissent atteindre ton KA, ton âme.

Ton âme atrophiée et brutalisée.

Chère communauté,

Lève-toi avec moi,

Et marchons vers la liberté.

Liberté acquise par nous-mêmes, pour nous-mêmes.

Awochénago. Ayibobo. Matondo. Tabou M'Bleue

TU M'AS DEMANDÉ ÇA, APRÈS ÇA

Tu m'as demandé ça,

Après ça.

Après mes larmes, mes tremblements,

Après que j'aie porté les récits des
sœurs comme des plaies ouvertes
dans ma gorge.

Tu m'as demandé ça

Comme si mon corps n'avait pas parlé
juste avant.

Comme si les mots « viol » et « douleur »

ne méritaient qu'un quart d'écoute
avant le retour à ton plaisir.

C'est ça, l'Offrosorisme.

C'est quand on saigne,

et qu'on nous demande encore de

sourire.

C'est quand on crie tout bas,

et qu'on nous tend un silence exigeant,

avec, en prime, la faim d'un homme

qui n'a rien entendu

mais qui réclame tout.

C'est quand nos besoins deviennent
des interférences,

nos souffrances des caprices,

nos limites des attaques.

C'est quand la révolte reste collective,

mais que le soin, lui,

reste privé de nous.

J'étais censée être forte.

Résistante.

Intelligente.

Compatible avec ton érection.

Mais pas trop avec ma voix.

Tu m'as demandé ça,

Après ça.

Et ce soir-là,

j'ai compris que ton « je t'aime »

avait pour condition

mon oubli. Tabou M'Bleue

JE NE TE DOIS PAS LE SI-
LENCE

Je ne te dois pas le silence,

ni mes larmes camouflées en loyauté.

Je ne te dois pas mes jambes ouvertes,

ni mes nuits recroquevillées sous ton
autorité.

Tu n'étais pas un roi,

juste un tyran en dashiki.

Un mensonge déguisé en amour,

une claque verbale chaque fois que
je disais je fuis .

Tu m'as dit que c'était normal.

Que j'étais à toi.

Que ce n'était pas un viol,

juste « le devoir d'une femme droite
».

Tu m'as isolée,

tordu l'amitié, fermé mes issues.

Mais je suis sortie.

À genoux, peut-être, mais jamais
plus enchaînée.

Je ne nourrirai plus l'Offrosorisme.

Je ne saignerai plus pour prouver
que j'existe.

Tu ne feras plus de mon amour un
cercueil.

Ni de mon silence une offrande utile.

Maintenant, c'est moi qui parle.

Et ma voix fait trembler les murs du mensonge.

Elle dit :

Je te refuse la dernière goutte. Je me reprends toute.

Je suis entière, même brisée. Tabou M'Bleue

JE NE MEURS PLUS POUR VOUS

Je ne meurs plus pour vous.

J'ai cessé d'être l'autel sur lequel vous posez vos révolutions.

J'ai rangé mes plaies,

j'ai plié mes silences,

j'ai brûlé vos médailles d'endurance.

Je ne suis pas la colonne de votre temple fissuré.

Je suis la bâtisseuse de ma maison sacrée.

Je ne suis pas la gardienne du feu pour réchauffer votre ego.

Je suis l'incendie qui nettoie l'espace.

Ne m'appelez plus Reine pour m'utiliser comme esclave.

Ne me demandez plus de porter ce que vous refusez de nommer.

Je n'ai plus de place dans vos chants à sens unique.

Je n'ai pas trahi la cause.

Je l'ai lavée de votre hypocrisie.

Je n'ai pas déserté la lutte.

Je l'ai redessinée avec mes mains entières.

Et si vous me cherchez…

Je suis là, entière.

Pas morte. Pas effacée.

Debout.

Pour moi.

Et pour celles qui viennent. Tabou
M'Bleue

J'ÉCRIS, DONC JE NE MEURS PAS

J'écris,

parce que crier ne suffit plus,

parce qu'on m'a appris à baisser les
yeux

même quand on me piétinait le cœur.

J'écris dans les marges,

dans les chiottes d'un taf raciste,

sur la peau de mes silences,

avec l'encre de mes rages digestes.

J'écris pour ne pas exploser.

Pour dire que je suis encore là,

même cabossée, même flinguée,

encore là.

Et si mes mots tremblent,

c'est parce qu'ils marchent seuls
dans la nuit

que personne ne veut entendre.

Mais ils marchent.

Et moi avec. Tabou M'Bleue

ET SI JE M'ARRÊTAIS ?

Et si je m'arrêtais, là, maintenant ?

Si je ne répondais plus ?

Si je laissais les messages sur « lu »,

les réunions sans thé,

les débats sans pain,

les cris sans bras pour les recueillir
?

Si je n'étais plus la sœur forte,

celle qui arrive toujours avant l'effondrement,

celle qui devine sans qu'on parle,

qui pardonne avant qu'on s'excuse,

qui console ceux qui ont oublié son
prénom ?

Et si je me taisais ?

Pas par peur.

Mais par protection.

Si je devenais l'ombre de ce que j'ai
toujours donné,

si je posais ma tendresse comme on
jette une arme usée.

Qui viendrait ?

Qui remarquerait mon absence,

quand ma présence a toujours été un
dû ?

Qui porterait la casserole, la pan-
carte, le deuil, la colère,

quand ce n'est plus moi ?

Je n'ai pas signé pour mourir à petit
feu

dans un foyer qu'on appelle "collectif".

Je n'ai pas juré loyauté à une cause

qui oublie que je suis humaine.

Pas que pilier. Pas que pilier.

J'existe.

Pas juste en fonction des autres.

J'existe.

Avec mes limites,

mes silences que je ne dois plus expliquer,

mon amour que je choisis de

réinvestir

dans un lieu qui me soigne.

Alors j'écris.

Pas pour supplier.

Mais pour cesser de m'offrir.

Et si je m'arrêtais ?

Peut-être que la lutte commencerait.

Pour de vrai.

Avec moi.

Pas sans moi.

Plus jamais sans moi. Tabou M'Bleue

À CÔTÉ. OU RIEN.

Frère,

ce slam, c'est pas une gifle,

c'est une lumière posée sur ton
front.

Pas pour t'éclairer de haut,

mais pour te rappeler qu'on a trop
marché dans l'ombre.

On t'a aimé en silence.

Porté dans le chaos.

Excusé dans l'abandon.

On t'a protégé de la police, de la rue,
de la misère,

et parfois... de toi-même.

Mais on n'est pas venues sur Terre
pour mourir en preuve d'amour.

On ne veut plus d'un amour qui gifle,
qui ignore, qui s'absente.

On veut un amour qui construit, qui
écoute, qui désarme.

Un amour qui prend soin des traumas
— pas qui les recycle.

Frère,

on ne t'abandonne pas.

Mais on ne s'abandonnera plus pour toi.

On ne veut pas être ta mère, ton coussin, ton champ de bataille émotionnel.

On veut être à côté. Égale. Vivante. Respectée.

Si tu veux qu'on tienne ensemble,

cesse de nous traiter comme des sacrifices.

Tu veux qu'on t'appelle roi ?

Alors traite-nous comme des reines, pas comme des servantes.

Tu veux l'unité ?

Alors arrête de confondre domination et amour.

Tu veux la paix ?

Commence par poser tes armes quand on te dit qu'on a mal.

Frère,

si tu veux qu'on t'aime sans condition,

sois capable de nous aimer sans destruction.

Nous sommes prêtes à t'aimer,

à marcher avec toi,

à guérir ensemble.

Mais plus jamais en rampant.

À côté. Ou rien. Tabou M'Bleue

PACTE DE SOUFFLE, PAS DE SANG

Je t'offre un pacte, pas une plaie.

Un souffle, pas un serment de douleur.

Plus jamais la langue arrachée pour
la paix du groupe.

Plus jamais le cœur vidé pour sauver
l'apparence.

Je t'offre des mots qui saignent,

mais pour guérir.

Je t'offre des liens,

qui ne te pend pas au cou.

Fille de martyres et de silences,

je déchire ici l'ancien contrat :

Celui où aimer, c'était se taire.

Celui où lutter, c'était s'épuiser.

Celui où exister, c'était se nier.

Je veux que nos filles

parlent,

pleurent,

jouissent,

et vivent.

Je veux que nos fils

aiment,

écoutent,

guérissent,

et choisissent un autre héritage.

Je veux des alliances sans chaînes.

Des tendresses sans piège.

Des cercles sans bourreau.

Je veux que l'Offrosorisme s'éteigne
dans ce livre

comme une torche trop longtemps
tenue.

Et qu'à la place,

une lignée se lève.

Pas de martyres.

Pas de saintes.

Mais des vivantes.

Et des vivants. Tabou M'Bleue

DEUX FACES, MÊME
FACES,MÊME COUTEAU

Ils m'ont prise pour un ring.

Lui, mâchoire pleine de misogynoir,

a visé mon intimité comme on vise un
trophée volé,

m'a jeté ses mots comme des
pierres sur un ventre sacré.

Et puis elle, sœur de peau, mais pas
de souffle,

a craché gratuit—au nom de quoi ?

Pas d'argument, pas d'amour, juste
l'écho

d'une blessure qu'on me réclame de
porter.

Je rends les armes ? Jamais.

Je rends le miroir.

Regarde-toi :

tes nerfs sur moi ne lavent pas ta

honte,

 ta virilité en papier alu ne traverse
pas ma peau.

Je ne suis l'exutoire de personne.

 Ma dignité n'est pas un puits commun.

 Je verrouille les portes où l'on
saigne pour prouver,

 j'ouvre les chemins où l'on vit pour
guérir.

À vous deux, je dis : assez.

 Je n'offre plus mon silence en sacrifice.

 Je garde ma parole comme une lame
claire,

 et mon corps comme un temple in-
violé.

« *Misogynoir d'un côté, crachat gratuit de l'autre.*

Je ne suis l'exutoire de personne.

Je tends un miroir, pas ma joue. »
Tabou M'Bleue

COURONNES ET POUSSIERE

Toi, roi autoproclamé,

ta pyramide de virilité s'écroule au premier vent.

Misogynoir en bandoulière,

tu tires sur mon intimité comme un chasseur affamé,

mais ton carquois est plein de flèches en plastique.

Et toi, ma "sœur" de peau,

qui me tire dessus sans cause,

au nom de quel Neteru tu t'es crue prêtresse ?

Si c'est ça ta sororité, rends ton pagne,

les reines kemites ne se vautraient
pas dans la boue

pour salir la couronne d'une autre.

Vous deux, alliance sacrée de la mé-
diocrité,

lui rampant dans les ruines de sa
masculinité,

toi polissant ta rancune comme si
c'était de l'or de Nubie.

Spoiler : ça reste de la poussière.

Moi, je reste debout,

ankh dans la main,

le front orné comme Hatchepsout,

non pas pour régner sur vous,

mais pour régner sur moi-même.

Et pendant que vous faites des pyra-
mides... en sable,

moi, je bâtis en granite. Tabou
M'Bleue

JE SUIS AVLEKETE

Je suis Avlékété,

la mer ne m'a pas vu naître je l'ai
créée.

J'ai tressé l'écume avec des mots de
révolte,

j'ai mis du sel dans mes poings et de
la lune dans mes colères.

Je ne suis pas douce je suis profonde,

je ne suis pas fragile je suis fondatrice.

J'ai noyé des empires dans mes silences

et ramené à la surface les noms
qu'on voulait effacer.

Je suis la mère des marées insoumises,

celle qu'on invoque quand le monde
étouffe.

Mes enfants ne prient pas,

ils crient, slam, militent et dansent,

ils cassent les chaînes avec leurs
chants,

et remodèlent les continents avec
leur bouche.

Mon trône est fait d'algues anciennes

et de coquillages arrachés à la
traite.

J'ai vu les bateaux partir,

mais je suis restée... et je veille.

Je suis le ventre noir de l'histoire,

où l'on accouche d'un autre futur.

Je ne suis pas passée,

je suis ce qui revient à chaque vague,

ce qui gronde sous la surface,

ce qui refuse de mourir même noyé.

Je ne demande pas la paix,

je réclame la justice.

Je ne tends pas l'autre joue,

je tends un miroir,

et si tu ne t'y vois pas libre,

c'est que tu portes encore leurs
chaînes.

Je suis la déesse des oubliées,

l'eau des femmes qu'on a fait taire.

Mais regarde-moi bien :

Je suis revenue

avec leurs voix.

Et je ne partirai plus.

Je suis la sirène des mères qu'on n'a
jamais écoutées,

le cri des sœurs qu'on a enterrées
debout,

la houle de celles qu'on a prises pour
des épaves,

alors qu'elles étaient des archipels
de puissance.

Je suis la gardienne des secrets
d'avant les razzias,

celle qui connaît les noms en langue
originelle,

celle qui parle le langage des ancêtres sans alphabet.

Je suis l'eau vive dans les gosiers as-
séchés par la honte,

et le poing fermé d'une mémoire qui
refuse l'oubli.

Je suis la marée montante dans les
entrailles du silence,

la vengeance sacrée d'une mer qu'on
croyait soumise.

Je suis l'Atlantique qui hurle les
corps jetés,

et les chants que même la mort n'a
pas su noyer.

Avlékété, c'est moi.

FemmeBleue, c'est mon cri.

T.A.B.O.U, c'est notre marée.

Et cette fois,

le silence ne gagnera pas.

Tabou M'Bleue, c'est mon cri.

Et mes mots,

ce sont des vagues

qui renversent les oubliettes.

RÉFÉRENCES AFRO-CENTRÉES ET ENGA-GÉES

Ce livre s'est écrit sous la houlette invisible de ces esprits qui m'ont précédée. Leurs voix, leurs cris, leurs analyses, leurs guérisons, leurs mots brûlants m'ont tenu la main. Voici mes ancêtres intellectuel·les. Ce sont des guides, des bras tendus, des éclaireur·ses d'une mémoire insoumise.

<u>FEMMES NOIRES</u>

- **bell hooks** – *All About Love, Sisters of the Yam, Ain't I a Woman?*

Elle m'a appris que l'amour n'est pas un sentiment neutre. C'est un acte politique.

- **Audre Lorde** – *Sister Outsider, The Cancer Journals*

Elle a fait de la colère noire un art, une arme, une sagesse.

- **Joy DeGruy** – *Post Traumatic Slave Syndrome*

Elle a nommé ce que l'on vivait sans pouvoir l'expliquer : l'héritage traumatique des violences coloniales et esclavagistes.

- **Thema Bryant** - *Homecoming*

Elle ouvre la voie du retour à soi, là où la douleur avait mis ses bagages.

- **Queen Afua** – *Sacred Woman, Heal Thyself*

Elle a fait de nos matrices des temples, de nos douleurs des portails.

- **Sobonfu Somé** – *La sagesse africaine des rites de passage*

Elle m'a réconciliée avec le sacré incarné, la communauté soignante, les ancêtres vivants.

- **Oumou Armand Diarra** & **Awa Thiam** – *La Parole aux Femmes noires*

Elles ont archivé nos douleurs et nos luttes, quand personne n'écoutait.

- **Patricia Hill Collins** – *Black Feminist Thought*

Elle a mis des mots sur la stratégie de survie des femmes noires à l'intersection des oppressions.

- **Renina Jarmon, Toni Morrison, June Jordan, Tricia Rose** –

Elles ont fait vibrer les mots jusqu'à les faire saigner, et guérir.

<u>**HOMMES NOIRS**</u>

- **Amos Wilson** – *The Blueprint for Black Power*

Il m'a appris que le pouvoir s'organise, et que la décolonisation commence par l'éducation.

- **Carter G. Woodson** – *The Mis-Education of the Negro*

Il a prédit les effets dévastateurs d'une éducation déconnectée de nos réalités.

- **Cheikh Anta Diop** – *Nations nègres et culture, Civilisation ou barbarie*

Il a rétabli la filière noire de l'humanité.

- **Malcolm X, Frantz Fanon, Thomas Sankara, Walter Rodney** –

Ils ont tous payé cher leur lucidité. Ils nous ont légué l'intégrité, la vérité, la radicalité.

<u>PENSÉES PANAFRICAINES & AFRO-CENTRISTES</u>

- **Ngugi wa Thiong'o** – *Décoloniser l'esprit*

Il nous a rappelé que la langue est un champ de bataille.

- **Wangari Maathai** – *Unbowed*

Elle a planté des arbres et semé des révolutions vertes.

- **Amzat Boukari-Yabara** – *Africa Unite!*

Il a reconstitué l'histoire panafricaine comme une constellation d'espoirs.

- **Amina Mama, Claudine Michel** –

Elles ont mêlé esprit, politique et féminité noire sans s'excuser.

Ce livre est le fruit d'un jardinage intellectuel et spirituel. Merci à elles et eux.